ADAC

Salzburg

von Martin Fraas

10 ADAC Top Tipps

Das müssen Sie gesehen haben! Die zehn Top Tipps bringen Sie zu den absoluten Highlights.

25 ADAC Empfehlungen

Unterwegs gut beraten: Diese 25 ausgesuchten Empfehlungen machen Ihren Urlaub perfekt.

Preise für ein DZ mit Frühstück:
€ | bis 130 €
€€ | bis 200 €
€€€ | ab 200 €

Preise für ein Hauptgericht:
€ | bis 13 €
€€ | bis 25 €
€€€ | ab 25 €

3-mal draußen

1 Für sportliche Entdecker

Ein gutes Gewissen der Umwelt gegenüber, etwas für die Fitness tun und dabei auch noch Salzburg und die Region kennenlernen: Gleich drei Qualitäten vereint die Luxury Bike Tour von Bike & the City Salzburg. Start ist am Mozartplatz, von dort geht es nach Süden zum Schloss Hellbrunn oder nach Norden zur Wallfahrtskirche Maria Plain mit schönem Biergarten und Panoramablick auf Salzburg.

■ www.bikeandthecity-salzburg.at, 3 Std., 39 € inkl. Picknick-Schmankerl, Leihfahrrad ab 12 €

2 Romantik und Genuss

Über 4000 m^2 groß ist der idyllische Garten des Hubertushofs in Anif, im Süden von Salzburg gelegen. Wer für ein paar Stunden der Innenstadt entfliehen möchte, kann hier ein entspanntes Picknick machen. Das traditionelle Hotel-Restaurant bietet zwei Varianten von Picknickkörben mit lokalen Spezialitäten zum Abholen an, und auch Picknickdecken gibt es zum Ausleihen. Kulinarischer und atmosphärischer Hochgenuss ist also garantiert.

■ www.hubertushof-anif.at

3 Raus an den See

Nur 15 Minuten mit der S-Bahn, etwas länger mit dem Auto, dauert die Fahrt von Salzburg zum Wallersee. Mit mehr als 6 km^2 ist er der größte See des Salzburger Seenlandes. Beliebt ist die 18 km lange Wanderung um den See, auf der es viele Einkehrmöglichkeiten gibt. Auch mit dem Fahrrad macht diese Tour großen Spaß. Wen es aber mehr in und auf den See zieht, der findet am Ufer zahlreiche Verleihstationen für SUP Boards, Kajaks oder Elektroboote.

■ www.wasserspielewallersee.at, www.bootsverleih.at

Intro

ADAC Quickfinder

Hier finden Sie die Orte, Sehenswürdigkeiten und Attraktionen, die perfekt zu Ihnen passen.

Unterwegs

Service

Alle wichtigen reisepraktischen Informationen – von der Anreise über Notrufnummern bis hin zu den Zollbestimmungen.

Zu diesen Orten und Sehenswürdigkeiten finden Sie Detailkarten im Innenteil des Reiseführers.

Umschlag:

1 **ADAC Top Tipps:** Vordere Umschlagklappe, innen 1

1 **ADAC Empfehlungen:** Hintere Umschlagklappe, innen 2

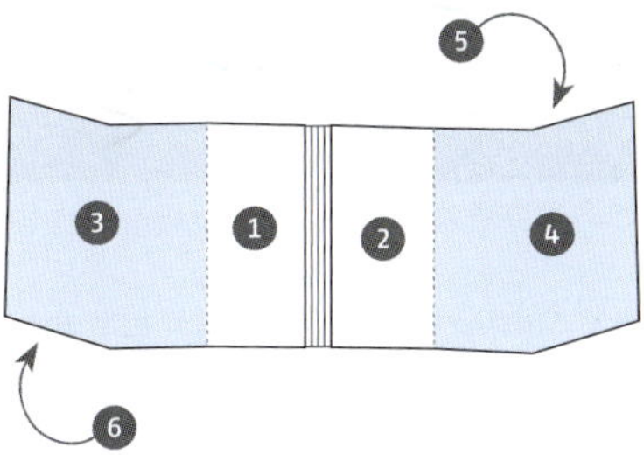

Übersichtskarte Altstadt: Vordere Umschlagklappe, innen 3
Übersichtskarte Innenstadt: Hintere Umschlagklappe, innen 4

Verkehrslinienplan Salzburg: Hintere Umschlagklappe, außen 5
Ein Tag in Salzburg: Vordere Umschlagklappe, außen 6

Wo Kultur und Genuss zu Hause sind

Die Stadt fasziniert mit ihrer Historie und barocken Pracht, und die Salzburger machen jeden Tag zu einem besonderen

Die Altstadt links der Salzach gehört seit 1997 zum UNESCO-Weltkulturerbe

In Salzburg kann man sich auf den ersten Blick verlieben. Die historische Altstadt zählt zu den schönsten der Welt. Wie von einem genialen Zuckerbäcker scheint sie modelliert, architektonisch vollendet und harmonisch eingebettet zwischen vier Hügeln. Eine faszinierende Mischung aus opulenten Barockbauwerken, verwinkelten Gassen und mondänen Plätzen. Und mitten durch die Stadt fließt die Salzach, die hier sogar einen kleinen Knicks macht, als würde sie der Vollkommenheit dieses wunderbaren Ensembles ihre Hochachtung erweisen.

Über Jahrhunderte hinweg war der Fluss Transportweg für Salz, das »weiße Gold«. Es wurde nahe der Stadt abgebaut und sorgte für den Wohlstand. Letztlich ist es das Salz, dem Salzburg seinen Namen, seine Existenz und seine Einzigartigkeit verdankt. Zweiter Bestandteil des Stadtnamens ist die Burg. Sie thront auch heute noch stolz auf dem Festungsberg, 120 m über der Stadt.

Wer von der Festung hoch oben über Salzburg blickt, dem werden – neben

dem lieblichen Stadtbild – zahlreiche Kirchtürme auffallen. »Rom des Nordens« wird die viertgrößte Stadt Österreichs deshalb auch genannt. Wir haben bei 40 Kirchen und Kapellen zu zählen aufgehört. Es gibt sicherlich noch einige mehr, und außerdem sechs Klöster. Seit 739 bis heute ist Salzburg Bischofsstadt, das älteste kontinuierlich bestehende Erzbistum nördlich der Alpen.

Kaffeehäuser, Festspiele und Wolfgang Amadeus Mozart

Auch die weltlichen Freuden werden nicht vernachlässigt. Über 30 große Kaffeehäuser locken zum Besuch. Und unzählige Gasthäuser und Beisln, wie hier die Kneipen genannt werden. Dort sind nicht etwa nur Touristen anzutreffen, sondern auch die Einheimischen. Die Pausen vom Alltag spielen für die Salzburger eine große Rolle, sie sind unverzichtbar. Genuss ist für sie Kultur, und Kultur Genuss.

Damit sind wir bei dem, das Salzburg über alles prägt: die Festspiele. Seit 1920 gibt es sie, und sie gelten weltweit

Österreichische Kaffeehauskultur im Traditionscafé Sacher (unten) – Eine der drei Terrassen des Stieglkellers (ganz unten)

als das bedeutendste Festival für klassische Musik und Theater. Rund 280 000 Besucher aus aller Welt kommen jährlich zu den Pfingst- und Sommerfestspielen. Dazu noch einmal über 20 000 zu den Osterfestspielen, die der legendäre österreichische Dirigent Herbert von Karajan 1967 gegründet hat.

Es gibt im Festspielbezirk ein eigenes »Haus für Mozart«. Der 1756 in Salzburg geborene Sohn der Stadt ist heute die wichtigste Werbefigur. Abgesehen von den berühmten Mozartkugeln und all den Mozart-Erinnerungsstätten in Salzburg gibt es bis hin zum Regenschirm, Zahnstocherbehälter, Parfüm und Hampelmann kaum ein Produkt, das nicht mit seinem Namen Umsatz zu machen versucht. Nun gut, in Jugendjahren lobte Mozart »Salzburgs himmlische Naturschönheiten«. Doch später, als er von Graf von Arco mit einem Fußtritt aus dem Arbeitsverhältnis unter Fürsterzbischof Colloredo entlassen wurde, wandelte sich sein Urteil. In einem Brief von 1783 schrieb Mozart: »Ich scheiße auf Salzburg und den Erzbischof.«

Mit unwiderstehlichem Charme

Vergleichbar mit den Venezianern, haben auch die Salzburger gelernt, von und mit dem Tourismus zu leben. Sie haben die Höflichkeit verinnerlicht, sie ist quasi ein Reflex. Auch beim Einkaufen fühlt man sich oft wie ein Mitglied des Hochadels. Wann wurde man das letzte Mal mit »werter Herr« begrüßt, was den Salzburgern völlig selbstverständlich von den Lippen geht. Überhaupt ist das Einkaufen in Salzburg ein

> *»Salzburg ist das Herz vom Herzen Europas. Das mittlere Europa hat keinen schöneren Raum.«*
>
> *Hugo von Hofmannsthal (1874–1929), Schriftsteller*

Charakteristisch für die Getreidegasse sind die schmiedeeisernen Zunftschilder

Vergnügen. Internationale Ketten haben hier noch nicht komplett die Perlen des Einzelhandels verdrängt. Es gibt im historischen Zentrum noch Geschäfte, die seit Generationen in Familienbesitz und für ein spezielles Warenangebot bekannt sind. Angefangen von Knöpfen über Regenschirme und Tracht bis hin zu Schnaps und Likören.

Ein pulsierendes Zentrum

Trotz der reichen Historie, auf die man allerorts trifft, ist Salzburg jedoch keine angestaubte Kulisse, kein großes Freilichtmuseum. Nein, die liebenswerte Stadt lebt, pulsiert, verändert sich, erfindet sich immer wieder neu. Sie ist Wirtschaftszentrum, Hightech-Standort sowie Messe- und Kongressstadt. Darüber hinaus sorgen über 18 000 Studenten dafür, dass Salzburg jung bleibt, flexibel, fit für die Zukunft.
Salzburg ist eine Stadt, die vom Klischee lebt und das Klischee – auch aus touristischen Motiven – zielgenau und stilvoll bedient. Aber die Hauptstadt des Bundeslands Salzburg ist trotzdem schwer in eine Schublade einzuordnen. Es gibt immer neue Tourismusrekorde, aber gleichzeitig wild lebende Gämsen auf dem Kapuzinerberg, nur wenige Gehminuten vom Stadtzentrum entfernt. Es gibt den Stiftskeller St. Peter, der als das älteste Restaurant Mitteleuropas gilt, aber gleichzeitig im innovativen Hangar-7 den Gourmet-Tempel »Ikarus«, in dem die besten Köche der Welt ein Gastspiel geben. Salzburg pflegt seine Traditionen, sein Mozart- und Mehlspeisenimage. Es hat jedoch darüber hinaus weit mehr zu bieten. Salzburg ist spannend, immer wieder überraschend. Und dabei so wunderschön, dass man sich bei jedem Besuch wieder neu in dieses einzigartige Stadtkunstwerk verliebt.

Fläche *65,64 km²*

Einwohnerzahl *153 400*

Tourismus *6 Mio. Besucher und über 2 Mio. Übernachtungen pro Jahr, die Pfingst- und Sommerfestspiele zählen jährlich etwa 280 000 Besucher aus über 80 Ländern*

Religion *61 % katholisch, 3 % evangelisch, 6 % muslimisch, 5 % orthodox, 17 % konfessionslos*

Lage *Das Stadtgebiet reicht von 408 m bis zum 1287 m hohen Gipfel des Gaisbergs*

Klima *1190 mm Niederschläge pro Jahr, im Vergleich dazu verzeichnet Hamburg durchschnittlich 770 mm*

Zahlen *Es gibt in der Stadt Salzburg vier Brauereien, elf Klosterbauten und über 30 Kaffeehäuser*

Berühmte Salzburger
Wolfgang Amadeus Mozart (1756–1791), Otto I., König von Griechenland (1815–1867), Georg Trakl (1887–1914), Herbert von Karajan (1908–1989), Harald Krassnitzer (geb. 1960)

Darauf sind die Salzburger besonders stolz
Der FC Red Bull Salzburg hat 16 Mal den Meistertitel in der österreichischen Fußball-Bundesliga gewonnen

Das will ich erleben

Bedeutende Kirchen und Museen, prunkvolle Bauten und Schlösser, historische Gassen und Plätze: Salzburg bietet eine so überwältigende Fülle an Möglichkeiten, dass es sich empfiehlt, ein paar Schwerpunkte zu setzen, um sich der Stadt zu nähern. Denn es soll ja auch noch Zeit bleiben, um in den traditionellen Cafés und Gasthäusern einzukehren. »Wos schiabts dir«, sagen die Salzburger, wenn es einer gar zu eilig hat oder zu viel auf einmal will. Nein, man muss und kann nicht alles, was die Stadt so einzigartig macht, bei einem einzigen Besuch sehen. Das besondere Flair und der Schmäh lassen sich eh am besten erspüren, wenn man sich zwischendurch einfach ein bisschen treiben lässt.

Kirchen und Kathedralen

Das »Rom des Nordens« wird Salzburg wegen seiner vielen Kirchen auch genannt. Neben den dominierenden Kathedralen lohnt es sich durchaus, auch einen Blick in kleinere und etwas abgelegene Kirchen zu werfen.

Wahrzeichen der Stadt

Neben den Kirchen gibt es weitere markante Bauwerke und Orte, die Salzburg in aller Welt berühmt gemacht haben. Die Auswahl der allerwichtigsten Sehenswürdigkeiten fällt nicht leicht, aber diese vier Stationen sind bei Salzburgtouren fest gesetzt.

Interessante Museen

Kritische Stimmen behaupten, ganz Salzburg sei ein Museum. Im positiven Sinne trifft das zu, denn Salzburg ist bis in den letzten Winkel sehenswert. Wirklich museal ist die lebendige Stadt aber nur in den Museen selbst. Und davon gibt es eine Menge.

Ein Paradies für Leckermäuler

Wer ein Fan der gutbürgerlichen Küche ist, kommt in Salzburg voll auf seine Kosten. In vielen Wirtshäusern, auch einfacheren, gibt es traditionelle Hausmannskost in verlässlicher Qualität. Daneben locken auch so einige Hauben- und Spitzenrestaurants.

Reiche Auswahl für Kulturfreunde

Das Jahrtausendgenie Wolfgang Amadeus Mozart und die weltberühmten Salzburger Festspiele sind prägend für das Kulturleben der Stadt. Aber auch als Bühne für markante Kunst im öffentlichen Raum hat Salzburg sich in den vergangenen Jahren etabliert.

10

Shoppingvergnügen

Ja, Salzburg ist ein Einkaufsparadies. Denn auf überschaubarem Raum gibt es eine rekordverdächtige Dichte an Läden. Vom Handwerk über Feinkost bis hin zu Tracht und großen Modeketten. Und ein Einkaufsbummel ist hier wirklich noch zu Fuß möglich.

3

Stille Oasen

Es gibt inmitten Salzburgs wunderbare poetische Orte, die zum Innehalten einladen. Zwei alte und faszinierende Friedhöfe zum Beispiel, in denen man der Geschichte der Stadt nachspüren kann. Doch auch außerhalb in der Natur locken idyllische Plätze.

37

Abenteuer und Action

Bei aller Tradition und Geschichtsträchtigkeit ist Salzburg heute auch eine aktive und sportliche Stadt. Das Angebot reicht vom rasanten Fahrvergnügen über eine Bootstour bis zur Möglichkeit, auf den Stadtbergen zu wandern oder sogar anspruchsvoll zu klettern.

Ein Traum für Kinder

Salzburg mit seinen interessanten Bauten und all den spannenden Geschichten dazu lässt bei Kindern keine Langeweile aufkommen. Außerdem gibt es jede Menge Attraktionen, die speziell auf Kinder ausgerichtet sind.

Natur pur

Salzburg ist eingebettet in wunderschöne Natur. Das breite Spektrum reicht von kultivierten Parks, Gärten und Alleen in oder nahe der Stadt bis hin zu idyllischen Seen und ungebändigten Naturspektakeln im Umland, etwa dem Gaisberg und dem Untersberg.

Ziele in der Umgebung

Nicht nur die Stadt selbst, sondern auch das umliegende Salzburger Land bietet vielfältige Sehenswürdigkeiten und interessante Ausflugsziele. Hier kann man weit mehr als wandern und schwimmen. Besonders beeindruckend sind zwei Ausflüge tief hinab ins Innere der Erde.

Unterwegs

Salzburg kann man hervorragend mit dem Fahrrad erkunden. Besonders schön sind die Radwege entlang der Salzach, hier mit Blick auf die Festung Hohensalzburg, die über der Stadt thront.

Historische Altstadt

Salzburg spielt ganz vorne mit im Konzert der schönsten Städte der Welt. Zu verdanken ist das besonders dem historischen Zentrum

Überschaubar ist die historische Altstadt, aber auch so verwinkelt, dass man sich doch darin verlieren kann und mag, um immer neue Gassen, Plätze und Passagen zu entdecken. Geprägt ist das einzigartige Ensemble von barocken Kirchen, Klöstern, Palästen und Brunnen, die harmonisch in die mittelalterliche Basis eingebunden sind. Die Altstadt links der Salzach ist seit 1997 Weltkulturerbe der UNESCO. Mit einer gelassenen Selbstverständlichkeit verströmt sie Geschichte, ist aber mit all den Geschäften, Restaurants, Kaffeehäusern und Hotels gleichzeitig quicklebendig.

In diesem Kapitel:

ADAC Top Tipps:

1 Dom zu Salzburg
| Dom |

Die Kathedrale im Frühbarock prägt das Stadtbild und ist das Herz von Salzburg. Die Dimensionen sind gewaltig: Die Kuppel ist 71 m hoch, es gibt elf Altäre und 10 000 Menschen finden im Inneren Platz. 19

2 Petersfriedhof
| Friedhof |

Er ist einer der ältesten und schönsten Friedhöfe der Welt. Direkt neben den Gruften und alten Grabkreuzen ragt steil der Mönchsberg empor. Sehenswert sind auch die Katakomben. 25

3 **Getreidegasse**
| Einkaufsmeile |
Trotz nur 350 m Länge ist die Getreidegasse die berühmteste Gasse der Welt. Sie ist Treffpunkt, Einkaufsstraße und einfach unübertrefflich schön. 36

4 **Museum der Moderne**
| Museum |
Die Lage auf dem Mönchsberg und die Architektur sind spektakulär. Die Qualität der Exponate ist vom Allerfeinsten und dokumentiert Salzburgs Rang als Kunstmetropole. 51

ADAC Empfehlungen:

1 **Salzburger Glockenspiel**
| Glockenspiel |
Das technische Meisterwerk erklingt dreimal täglich. 22

2 **Stiftsbäckerei St. Peter**
| Bäckerei |
Seit 700 Jahren wird hier das beste Brot der Stadt gebacken. 25

3 **Stieglkeller**
| Aussichtspunkt |
Ein Logenplatz mit spektakulärer Aussicht auf die Altstadt. 29

4 **Christmas in Salzburg**
| Einkaufen |
Hier gibt es das ganze Jahr über Weihnachtsschmuck. 32

5 **Café Tomaselli**
| Café |
Das älteste Kaffeehaus Österreichs pflegt die Tradition. 34

6 **Restaurant Goldener Hirsch**
| Restaurant |
Ein Ambiente, wie es schöner nicht sein könnte. 38

7 **Sporer Likör- und Punschmanufaktur**
| Einkaufen |
Der hausgemachte Punsch und die Liköre sind legendär. 39

8 **Grünmarkt**
| Markt |
Der gutsortierte Markt ist auch ein beliebter Treffpunkt. 41

9 **Augustiner Bräu Kloster Mülln**
| Gaststätte |
Österreichs größte und wohl auch schönste Biergaststätte. 53

1 DomQuartier

Salzburgs Herzkammer zeigt die Pracht der Geschichte

Repräsentativ: Der Thronsaal ist einer der Prunkräume in der Alten Residenz

Information

- Bus 3, 6, 7, 8, 9, 10, 14, 25, 27, 28, 840 Rathaus
- Residenzpl. 1/Dompl. 1a, www.domquartier.at, Mi–Mo 10–17, Dez.–Anf. Jan. auch Di, Juli, Aug. tgl. 10–18 Uhr, 13 €, bis 25 J. 8 €, Schüler 5 €, bis 6 J. frei
- Parken: siehe S. 21

Seit 2014 sind die Sehenswürdigkeiten rund um den Dom konzeptionell als Museumseinheit gestaltet. Ein zusammenhängender Rundgang erschließt auf 1300 m 1300 Jahre Herrschaftsgeschichte der Fürsterzbischöfe sowie Architektur und Kunst von unschätzbarer Fülle und Pracht. Hauptstationen sind die Prunkräume der Residenz, die Residenzgalerie, die Dombogenterrasse, das Nordoratorium, die Domorgelempore, das Dommuseum, die Kunst- und Wunderkammer, die Lan-ge Galerie und das Museum St. Peter. Letzteres wurde 2014 im Wallistrakt der Residenz neu gegründet, besonders sehenswert sind das Rupertus-Pastorale, ein Krummstab aus dem 11./12. Jh. und der Heinrichskelch (12. Jh.).

Der Rundgang auf eigene Faust mit Audioguide und die klassische Führung dauern eineinhalb Stunden. Es gibt darüber hinaus auch eine einstündige, geführte Express-Tour.

Plan
S. 21

Sehenswert

a Alte Residenz

| Palast |

Die ehemalige fürsterzbischöfliche Re-sidenz war über Jahrhunderte hinweg das Machtzentrum der Stadt. Ab 1596 wurde das bestehende Gebäude im Stil des Frühbarock zur Palastanlage umgebaut, renoviert und markante Teile neu errichtet. Die 180 Räume und Säle, darunter 15 Prunkräume, dienten den Fürsterzbischöfen als Wohngemächer und zu Repräsentationszwecken. Nach Ende des Fürsterzbistums 1803 wurde die Residenz zum Wohnsitz von Mitgliedern des Österreichischen Kaiserhauses. Einer der bekanntesten Staatsgäste war Kaiser Napoleon III., der hier 1867 von Kaiser Franz Josef empfangen wurde.

Heute finden in der Residenz Tagungen und Kongresse statt. Der Rittersaal ist aufgrund seiner hervorragenden Akustik ein beliebter Konzertraum und im zweiten Stock befindet sich die Residenzgalerie. Teile des Palasts gehören zur Salzburger Paris-Lodron-Universität. Die Besichtigung ist nur im Rahmen des DomQuartier-Rundgangs möglich.

b Dom zu Salzburg

| Dom |

1 *Der mächtige Mittelpunkt der Kirchenstadt Salzburg*

»Klein St. Peter« wird der Dom respektvoll genannt. Besonders prachtvoll ist die dem Domplatz zugewandte Hauptfassade aus Untersberger Marmor. Flankiert wird sie von dreigeschossigen Türmen, die beide 81 m hoch sind. Der Dom in seiner heutigen frühbarocken Form wurde vom italienischen Baumeister Santino Solari von 1614–1628 errichtet. Der erste Kathedralbau an dieser Stelle entstand jedoch bereits im Jahr 767. Nach einem Brand 1167 wurde der Dom als mächtigstes romanisches Münster nördlich der Alpen wiederaufgebaut. Ein weiterer Brand zerstörte 1598 große Teile des Doms. Auch in der neueren Geschichte blieb der Bau nicht von Schäden verschont: 1944 beschädigte eine Fliegerbombe die Kuppel und Teile des Altarraums schwer. Besonders sehenswert sind im Inneren die 15 großen Deckengemälde im 32 m hohen Hauptschiff sowie ein bronzenes Taufbecken in der ersten Seitenkapelle, das aus dem Jahr 1321 stammt und in dem auch Wolfgang Amadeus Mozart getauft wurde.

■ Dompl. 1a, www.salzburger-dom.at, Jan., Feb., Nov. Mo–Sa 8–17, So 13–17, März–Juli, Sept., Okt., Dez. bis 18, Aug. bis 19 Uhr; Domkrypta: Mo–Sa 10–17, So 13–17 Uhr, Zugang während der Festspiele z. T. eingeschränkt

c Domplatz

| Platz |

Den Domplatz ließ Fürsterzbischof Wolf Dietrich von Raitenau zu Beginn des 17. Jh. in seiner heutigen Form gestalten. Er ist 60 x 60 m groß und wird von der Mariensäule in der Platzmitte dominiert. Sie wurde zwischen 1766 und 1771 von den Brüdern Wolfgang und Johann Baptist Hagenauer geschaffen. Der Domplatz ist auf allen Seiten von kirchlichen und herrschaftlichen Bauten umschlossen. Das macht ihn während der Festspiele zum idealen und traditionellen Aufführungsort für das Theaterstück »Jedermann« von Hugo von Hofmannsthal.

Der monumentale Residenzbrunnen steht unter Denkmalschutz

d Erzabtei St. Peter

| Kloster |

Die Erzabtei St. Peter wurde 696 vom Missionar Rupert gegründet. Im Mittelalter war St. Peter wegen seiner Schreibschule weit über die Region hinaus bekannt. Die Bibliothek ist die älteste Österreichs und umfasst heute 100 000 Bücher. Während des Nationalsozialismus wurden die Benediktinermönche vertrieben, kehrten aber nach dem Krieg zurück. Im Kloster, den Kapellen und der Kirche finden sich Stilmerkmale der Romanik, Renaissance und des Rokoko.

Hervorzuheben ist die dem hl. Petrus geweihte Stiftskirche. Sie geht auf einen Bau aus dem 12. Jh. zurück, wurde aber zu Beginn des 17. Jh. im Stil der Renaissance umgestaltet. Im Innenraum ist die romanische Baustruktur noch erkennbar, wenngleich der Rokokostil bei der Ausstattung wie etwa den Deckenfresken, den 16 Altarblättern und auch dem kunstvollen Kirchenabschlussgitter von Hofschlossermeister Philipp Hinterseer überwiegt. In der Kirche befindet sich eine Grabplatte des Stadtgründers Rupertus mit einem ewigen Licht. Eine Prophezeiung besagt, dass Salzburg an dem Tag zerstört wird, an dem dieses Licht erlischt.

■ St.-Peter-Bezirk 1, www.stift-stpeter.at, Mo–Fr 8–12, 12.30–18 Uhr

e Sphaera

| Skulptur |

»Balkenhol-Mozartkugel« sagen die Salzburger mit sanftem Spott zu dieser Skulptur. Das Kunstwerk schuf der deutsche Bildhauer Stephan Balkenhol im Jahr 2007 für den repräsentativen Kapitelplatz, der südlich an den Dom grenzt. Sphaera gehört zu den populärsten und meistfotografierten Kunstwerken weltweit. Die gewaltige vergoldete Kugel hat einen Durchmesser von 5 m. Darauf steht ein Mann aus Bronze, der zur Hohensalzburg schaut. Das Gegenstück des Gesamtkunstwerks, die »Frau im Fels«, ist eine wesentlich kleinere Frau im roten Kleid in einer Felsnische im Toscaninihof.

Parken

Tiefgarage Altstadtgaragen A+B (Mönchsberggarage, S. 51) ■ Zufahrt über Neutorstr.,3 €/Std., Tageshöchsttarif (24 Std.) 22 €

Restaurants

€€€ | Stiftskulinarium St. Peter Das Zwei-Hauben-Restaurant im Stift St. Peter wurde 803 erstmals urkundlich erwähnt. In den elf historischen Sälen und dem romantischen Innenhof gibt es gehobene österreichische Küche. Dazu werden 700 Weine angeboten. ■ St.-Peter-Bezirk 1/4, Tel. 06 62/841 26 80, www.stpeter.at, Mo–Fr 11.30–23, Sa, So 10–23 Uhr, Plan S. 21 a3

2 Residenzplatz

Ein zentraler Platz zum Feiern und zum Genießen

■ Bus 3, 6, 7, 8, 9, 10, 14, 25, 27, 28, 840 Rathaus,

55 mittelalterliche Bürgerhäuser mussten Ende des 16. Jh. für den repräsentativen Platz weichen. Zudem wurde dafür sogar der alte Domfriedhof

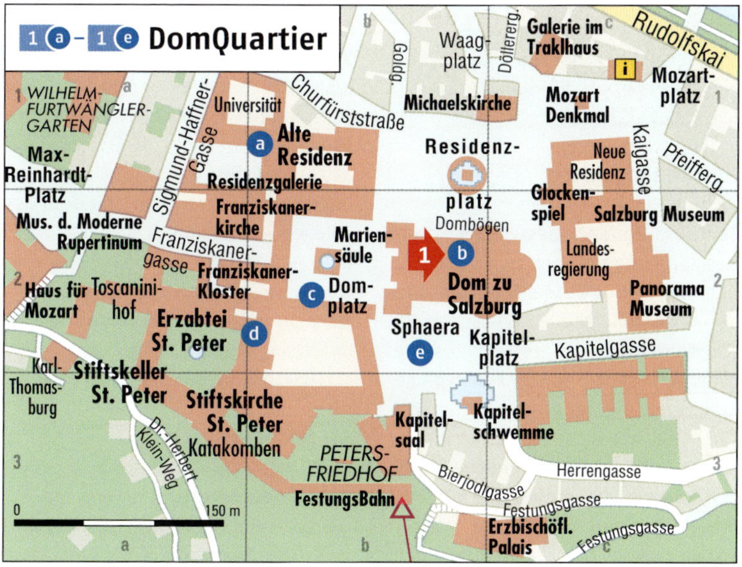

aufgelassen. Die Pläne für die Gestaltung im Stil des Manierismus stammen von dem italienischen Architekten Vincenzo Scamozzi (1548–1616).
Begrenzt wird der weitläufige Residenzplatz vom Dom, der Alten und Neuen Residenz sowie einer Fassadenfront mit Bürgerhäusern. Auf ihm finden zahlreiche Feste und auch der Weihnachtsmarkt statt.

Sehenswert

Panorama Museum

| Museum |

Mit bloßem Auge oder dem Feldstecher blicken die Besucher von einer Plattform in der Mitte aus auf das riesige Rundgemälde mit 26 m Umfang von Hubert Sattler (1817–1904). Es zeigt Salzburg und das Umland um das Jahr 1829 mit vielen Details der damaligen Lebensweise. Dazu sind im Museum weitere Großgemälde, sogenannte Kosmoramen, des Malers zu sehen.

■ Residenzpl. 9, www.salzburgmuseum.at, tgl. 9–17 Uhr, geschl. 1.11., 24., 25.12., am 1. Do im Monat um 18 Uhr kostenlose Abendführung, 4,50 €, 16–26 J. 2 €, 6–15 J. 1,50 €, unter 6 J. frei, Familie 9 €

Residenzbrunnen

| Brunnen |

Zentrales Bauwerk des Platzes ist der Residenzbrunnen, der zwischen 1656 und 1661 erbaut wurde. Er gilt als eines der bedeutendsten europäischen Barockdenkmäler und besteht aus drei Brunnenbecken und vier kunstvoll gearbeiteten Figurengruppen. Den Felsen in der Mitte umringen vier Wasser speiende Meeresrösser. Auf dem Felsen kauern vier athletische Männer, die gemeinsam eine große Wasserschale tragen. Die drei Delfine darin stützen ein weiteres Becken. Ganz oben speit ein Meeresgott (Triton) Wasser in die Luft.

Salzburger Glockenspiel

| Glockenspiel |

1 *Ein technisches und akustisches Meisterwerk*

Salzburg ist eine Musikstadt, und für den Wohlklang tat man schon immer so einiges. So wurde dem Turm der Neuen Residenz 1701 ein Achteckbau mit offenen Arkaden aufgesetzt, um darin ein Glockenspiel unterzubringen. Die 35 Glocken stammen aus Antwerpen, sie wurden 1688–89 gegossen. Der Salzburger Büchsenmacher Franz Sulzer und der Glockengießer Benedikt Eisenberger fertigten 1702 den komplexen Antriebsmechanismus und die Messingwalze, in die Hofuhrmacher Jeremias Sauter 7964 Löcher zur Melodievorgabe bohrte. 1704 erklang das Glockenspiel zum ersten Mal. 51 Musikstücke können gespielt werden, von denen 16 Johann Michael Haydn zugeschrieben werden. Weitere Musikstücke stammen ursprünglich von Vater und Sohn Mozart, erklingen jedoch in Bearbeitungen aus dem 19. Jh. 1873 baute der Salzburger Uhrmacher Johann Baptist Fischer ein Uhrwerk ein, mit dem das Spielwerk automatisch startet.

■ Mozartpl. 1, tgl. 7, 11 und 18 Uhr, Führungen auf den Glockenspielturm: Ende März–Okt. Do 17.30, Fr 10.30 Uhr (Tickets im Salzburg Museum, im Panorama Museum), 4,50 €, erm. 3 €, unter 6 J. frei

St. Michaelskirche

| Kirche |

Die Michaelskirche ist so eng mit der Häuserflucht des Residenzplatzes und dem Café Glockenspiel verschmolzen, dass sie eher unauffällig ist. Dabei handelt es sich bei der im 8. Jh. errichteten Kirche um Salzburgs älteste Pfarrkirche. Bis zum 12. Jh. war sie eine sogenannte Doppelkirche: Der obere Teil war dem Kaiser und Hofstaat vorbehalten und wurde vom Palais aus betreten, der untere Teil war den Bürgern zugänglich. Nach Bränden in den Jahren 823 und 1167 wurde die Michaelskirche rasch wieder aufgebaut und 1767–76 im Rokokostil umgestaltet. Damals bekam sie auch den markanten Zwiebelturm.

Den Hauptaltar aus der Mitte des 17. Jh. schmückt ein eindrucksvolles Bild des Salzburger Bildhauers und Steinmetzes Johann Högler: Der Erzengel Michael besiegt Luzifer und stürzt ihn in die Hölle. Kunstgeschichtlich bedeutend ist auch das Abschlussgitter

ADAC Mobil

Romantischer als mit der **Pferdekutsche,** in Österreich »Fiaker« genannt, kann man die Altstadt nicht erkunden. Insgesamt 14 Fiaker gibt es derzeit in Salzburg. Ausgangs- sowie Endpunkt einer kleinen (ca. 25 Min.) oder großen Fahrt (ca. 50 Min.) ist jeweils der Residenzplatz.
Sommer tgl. 10–21, Winter bis 16 Uhr, ab ca. 55 € (4–5 Pers.)

Meist tummeln sich auf dem Residenzplatz im Herzen der Salzburger Altstadt zahlreiche Touristen, insbesondere wenn das berühmte Glockenspiel erklingt

Der Petersfriedhof ist die älteste christliche Begräbnisstätte Salzburgs, hier finden sich u. a. die Gräber des Dombaumeisters Santino Solari und von Nannerl Mozart

von Philipp Hinterseer aus dem Jahr 1770. Das Quergebäude an der Ostseite war bis Mitte des 17. Jh. eine Schranne, in der Brot verkauft wurde. Im ersten Stock wohnte später die Familie des Dichters Georg Trakl.

■ Residenzplatz, tgl. 7.30–17.30 Uhr

Einkaufen

Buchhandlung Höllrigl Im Jahr 1594 eröffnet, ist sie Österreichs älteste Buchhandlung. Das alte Gewölbe und Deckenfresken im ersten Stock, zu dem eine Wendeltreppe führt, betonen das wunderbar nostalgische Flair. ■ Sigmund-Haffner-Gasse 10, Tel. 0662/841460, www.buchhandlung-frick.at, Mo–Fr 10–18, Sa 9–17 Uhr

Jahn-Markl 1408 wurde die älteste Gerberei Salzburgs gegründet. Früher wurden hier Ausfütterungen für Rüstungen, Lederwämser, Lederstrümpfe und Uniformen verkauft, heute Jagdkleidung und Tracht. ■ Residenzpl. 3, Tel. 0662/842610, www.jahn-markl.at, Mo–Fr 9.30–18, Sa 9.30–15 Uhr

Kinder

Domgrabungsmuseum

| Museum |

Dieser abenteuerliche Ort ist Teil des Salzburg Museums und liegt unter dem Dom- und Residenzplatz. Herzstück ist der Grabungsfund einer römischen Villa (2./3. Jh.), die bis hin zu den Details wie der Warmluftheizungsanlage und den noch original vorhandenen Mosaikfußböden gut erhalten ist. ■ Residenzplatz (Dombögen), www.salzburgmuseum.at/domgrabungsmuseum, zzt. geschl., Führung auf Anfrage unter Tel. 0662/62080 8732

3 Petersfriedhof

2 *Ein Ort, der uns mit der Vergänglichkeit des Lebens versöhnt*

■ Bus 1, 8, 10, 22, 27 Herbert-von-Karajanplatz
■ St.-Peter-Bezirk 1, April–Sept. tgl. 6.30–20, Okt.–März tgl. 6.30–18 Uhr

Der Friedhof des Stiftes St. Peter inspirierte Dichter, Schriftsteller, Maler und Fotografen. Nikolaus Lenau (1802–50) schrieb über ihn: »O schöner Ort, den Toten auserkoren zur Ruhestätte für die müden Glieder! Hier singt der Frühling Auferstehungslieder, vom treuen Sonnenblick zurückbeschworen.« Die Lage des Petersfriedhofs im Schatten der Steilwand des Mönchsbergs ist gleichermaßen dramatisch und idyllisch. Man mag hier lange auf Entdeckungstour gehen, der Vergänglichkeit nachspüren, die Ruhe genießen. Aus dem Jahr 1288 stammt der älteste Grabstein. Auch Mozarts Schwester Nannerl liegt in der Communegruft begraben.
1878 kam dann das Ende für den ältesten Friedhof Salzburgs. Er sollte sogar aufgelöst werden und Platz machen für die Talstation der Festungs-Standseilbahn. Doch die Mönche des Klosters widersetzten sich diesem Frevel und pflegen die Gräber seither auf eigene Rechnung. Seit 1930 werden sogar wieder vereinzelt Neubestattungen zugelassen.

Sehenswert

Katakomben

| Katakomben |

Ein eindrucksvoller Ausflug in die Vergangenheit: Über dem Petersfriedhof sind in den Mönchsberg Katakomben gehauen. Man erreicht sie über steile Stiegen. Sie sind vermutlich spätantiken Ursprungs und dienten als frühchristliche Versammlungsorte, später auch als Einsiedelei. Zwei der Räume wurden zu Kapellen gestaltet.
■ St.-Peter-Bezirk 1, Petersfriedhof, Tel. 06 62/844 57 60, tgl. 10–12.30, 13–17, Mai–Sept. bis 18 Uhr, 2 €, 6–18 J. 1,50 €

Margarethenkapelle

| Kapelle |

In der Mitte des Friedhofs steht eine kleine Kirche im spätgotischen Stil. Die Margarethenkapelle wurde in den Jahren 1485–1491 gebaut. Sehenswert ist das sogenannte Schlingrippengewölbe im überwältigend schönen Innenraum. Bei Grabungen in der Kirche wurden auch Reste des Vorgängerbaus entdeckt, der Amanduskapelle, erbaut in vorromanischer Zeit vom Heiligen Rupert. 1943 ereignete sich ein bis zum heutigen Tage nicht aufgeklärter Diebstahl. Vom Portal der Kapelle wurden drei Statuen gestohlen, die um 1500 entstanden und von unschätzbarem Wert sind.

Einkaufen

2 **Stiftsbäckerei St. Peter** Pünktlich um 8 Uhr morgens kommen die ersten Kunden. Denn sie möchten das Brot noch warm kaufen. Nur Roggenmehl und Wasser kommen hinein, sonst nichts. Und das seit über 700 Jahren. Wie wunderbar Einfachheit schmecken kann, hat sich längst rumgesprochen. Kommen Sie deshalb zeitig, denn die Brote, die täglich gebacken werden, sind im Nu weg. ■ Kapitelpl. 8, Tel. 06 62/84 78 98, www.stiftsbaeckerei.at, Mo, Di, Do, Fr 7–17, Sa 7–13 Uhr

4 Festung Hohensalzburg

Wahrzeichen und Besuchermagnet der Stadt Salzburg

■ Bus 3, 5, 6, 7, 8, 9, 10, 14, 25, 27, 28, 840 Rathaus
■ Mönchsberg 34, www.festung-salzburg.at, Okt.–April tgl. 9.30–17, Mai–Sept. 9–19 Uhr, All-inclusive-Ticket (Berg- und Talfahrt mit der Festungsbahn, Eintritt Burgareal, Rundgang mit Audioguide, Festungsmuseum, Fürstenzimmer, Rainer-Regimentsmuseum, Zeughaus, Marionettenmuseum, , Salzburger Stier, Magisches Theater, Aussichtsturm) 16,60 €, 6–14 J. 9,50 €, Familien 42 €

Mit 7000 m² bebauter Fläche zählt die hoch über Salzburg thronende Festung heute zu den größten und auch besterhaltenen Burgen Europas. 1077 von Erzbischof Gebhard erbaut, prägt sie bis heute das Salzburger Stadtbild. Die mächtige Burg wurde in all den Jahrhunderten nie von feindlichen Truppen eingenommen. Heute wird sie allerdings von Touristen gestürmt. Über zwei Mio. Besucher überwinden jedes Jahr 120 Höhenmeter, um mittelalterliches Flair zu erspüren. Damit ist die romanische Festung die meistbesuchte Sehenswürdigkeit Österreichs außerhalb Wiens. Allein schon wegen des Ausblicks auf die Stadt und das umliegende Bergland lohnt sich der Besuch. Extra für Kinder wurde ein Audioguide konzipiert, und in den Sommerferien wird ein Kinderferienprogramm angeboten. Darüber hinaus wird der Burghof der Festung im Juli und August – neben den Festspielen – zu einer weiteren Bühne für den »Jedermann« von Hugo von Hofmannsthal.

ADAC Mobil

Die **Standseilbahn auf den Festungsberg** ist die älteste in Betrieb befindliche Seilbahn dieser Art in Österreich. Sie wurde 1892 als Wasserballastbahn in Betrieb genommen, so kam sie zu ihrem Spitznamen »Tröpferlbahn«. Trotz mehrfacher Umbauten fahren die inzwischen hochmodernen Wagen immer noch auf einer genieteten Stahlfachwerkbrücke aus dem Entstehungsjahr.
Festungsgasse 4, www.5schaetze.at, Jan.–April, Okt.–Dez. tgl. 9–17, Mai, Juni, Sept. 8.30–20.30, Juli, Aug. 8.30–21-30 Uhr, alle 10 Min., Panorama-Ticket (Berg- und Talfahrt, Burgareal und Panoramaturm) 11 €, bis 14 J. 6,30 €, unter 6 J. frei

Sehenswert

Salzburger Stier
| Hornwerk |
Die musikverrückten Salzburger ergänzten 1560 das einst dreiklängige Hornwerk um eine Walzenorgel, die ein Musikstück spielen konnte. 1753 erhöhte Leopold Mozart, Vater von Wolfgang Amadeus, das Repertoire auf zwölf Kompositionen, eine Melodie für jeden Monat. 1893 wurde eine neue Walze gefertigt, die neun Melodien spielen kann. Der »Salzburger Stier« ist weltweit die letzte spätgotische Orgel, die noch spielfähig ist. Und auch der markante Signalton wird noch jeden Tag dreimal über Salzburg geschickt: um kurz nach 7, 11 und 18 Uhr. Allerdings übertönen den Stierschrei immer mehr die Stadtgeräusche.

5 Stift Nonnberg

Ein erhabener Ort, der sogar für Hollywood bedeutend wurde

■ Bus 5, 6, 7, 8, 9, 10, 12, 14, 21, 25, 27, 28 Justizgebäude
■ Nonnberggasse 2, www.benediktinerinnen.de, 6.45 Uhr–Einbruch der Dunkelheit, jeden Morgen um 6.45, sonn- und feiertags um 7 Uhr sowie abends singen die Nonnen verborgen im Nonnenchor, an Festtagen auch direkt in der Kirche

Die Benediktinerinnenabtei wird auch Erin-Kloster genannt, nach der ersten Äbtissin Erentrudis. Gegründet wurde das Stift um 712 von Bischof Rupert. Damit ist es das weltweit älteste christliche Frauenkloster mit ununterbrochener Tradition. Die Lage, ein wenig erhöht auf einer Terrasse des Festungsbergs, ist erhaben und wunderschön.

ADAC Wussten Sie schon?

Erzbischof Leonhard von Keutschach wollte zu Beginn des 16. Jh. den Tagesablauf der Salzburger mit einem Hornsignal steuern. Dazu ließ er in einen Erker an der Burgmauer den **»Salzburger Stier«** (S. 26) mit 135 Pfeifen einbauen. Zu nachtschlafender Stunde um 4 Uhr riss ein schriller F-Dur-Dreiklang, der einem Stierschrei ähnelte, die Bürger aus dem Schlaf. Um 19 Uhr ertönte das Hornwerksignal abermals als Aufforderung zur Nachtruhe.

Ein Juwel ist die Marienkirche. Zu den herausragenden Kunstschätzen gehören dort das »Paradies«, um 1140 entstandene Fresken in den zwölf Nischen unter dem Nonnenchor, ein Kruzifix aus dem Jahr 1300 sowie der spätgoti-

Das Stift Nonnberg befindet sich am südöstlichen Ausläufer des Festungsbergs

sche Flügelaltar. Die Krypta der Basilika mit freistehenden Säulen und einem Netzrippengewölbe ist in Salzburg einzigartig. Berühmt ist das Kloster auch durch Novizin Maria von Kutschera. Sie wurde 1925 als Hauslehrerin zum verwitweten Baron Georg Ludwig von Trapp mit seinen sieben Kindern geschickt, heiratete den Baron und gründete Anfang der 1930er-Jahre einen Familienchor. Ihre Lebensgeschichte ist Vorlage für den 1965 entstandenen Hollywoodfilm »The Sound of Music« (dt. Titel: Meine Lieder, meine Träume) über die Trapp-Familie (S. 92), der bis heute besonders in den USA unglaublich populär ist.

Sehenswert

Kajetanerkirche

| Kirche |

Die 1696 fertiggestellte Kirche ist ein Paradebeispiel für italienischen Barock in Salzburg. Es handelt sich dabei um eine ehemalige Klosterkirche für Theatinermönche, die nach ihrem Gründer auch Kajetaner genannt werden. Die beiden symmetrischen Flügelbauten des Klosters umschließen die Kirche, in der sich die älteste spielbereite Orgel Salzburgs befindet, gebaut im Jahre 1700. Sehenswert ist die Heilige Stiege, 1712 als Nachahmung der Scala Santa in Rom errichtet. Der Klostertrakt ist heute ein Teil des Spitals der Barmherzigen Brüder Salzburg.

■ Kajetanerpl. 1, Tel. 06 62/808 80, zzt. wg. Sanierung geschl.

Die Kuppel der Kajetanerkirche ist beeindruckend, von innen ziert sie ein Fresko

Parken

Barmherzige Brüder Salzburg ■ Kajetanerpl. 1, 0–24 Uhr, 10 Min. gratis, 7–23 Uhr: bis 3 Std. 1,40 €/30 Min., ab der 4. Std. 1€/20 Min., 23–1 Uhr: 0,80 €/30 Min., 1–7 Uhr: 0,50 €/30 Min., Tagestarif 28 €

Restaurants

€–€€ | Gasthaus Hinterbrühl Ein bodenständiges, rustikales Wirtshaus in einem Haus von 1380. Gute Hausmannskost, Di und Do gibt es ofenfrischen Schweinsbraten. Wer im »Schanigarten« sitzt hat einen wunderbaren Ausblick auf den Kajetanerplatz und die Kajetanerkirche. ■ Schanzlgasse 12, Tel. 06 62/84 43 27, www.gasthaus-hinterbruehl.at, Do–Mo 11.30–22 Uhr

€–€€ | Pauli Stubm Diese gemütlich-rustikale Wirtshaus-Legende mit ungezwungener Stimmung und holzvertäfelten Wänden liegt etwas versteckt in der ersten Etage in einem Haus in der schmalen Herrengasse. Auf der Karte überwiegt die österreichische Küche mit Klassikern von Frittatensuppe über Bauerngröst'l bis zum deftigen Schweinsbraten. Für heiße Tage gibt es einen kleinen Gastgarten. ■ Herrengasse 16, Tel. 0662/843220, www.paul-stube.at, Di–Sa ab 17 Uhr

3 **€–€€ | Stieglkeller** Der vielleicht schönste Biergarten der Stadt liegt etwas erhöht am Festungsberg. Die Aussicht von den baumbeschatteten Plätzen auf die Altstadt könnte schöner nicht sein. Das Stiegl-Bier strömt frisch und kühl aus dem Zapfhahn und es gibt österreichische Hausmannskost. Auch innen ist es gepflegt und sehr urig. ■ Festungsgasse 10, Tel. 0662/842681, www.restaurant-stieglkeller.at, Mo–Fr 11.30–22, Sa, So und feiertags 11–22 Uhr, Jan., März Mo, Di sowie den gesamten Feb. geschl.

Cafés

220Grad Nonntal Die Einrichtung: hipper Industrial-Style. Der Kaffee: aus der eigenen Rösterei. Bis 14 Uhr gibt´s in der ehemaligen Motorenwerkstatt Frühstück und zum Lunch ausgewählte Gerichte der internationalen Küche. Ein angesagter Treffpunkt. ■ Nonntaler Hauptstr. 9a, Tel. mobil 0664 88169690, www.220grad.com, Di–Sa 9–18 Uhr

6 Künstlerhaus

Der rot leuchtende Außenposten der historischen Altstadt

■ Bus 3, 8, 12, 14, 28 Künstlerhaus
■ Hellbrunner Str. 3, Tel. 0662/842 2940, www.salzburger-kunstverein.at, Di–So 12–19 Uhr, freier Eintritt zu den Ausstellungen und Veranstaltungen

Geradlinig und schlicht. Im Café 220Grad Nonntal zählt v. a. eins: der Kaffee

Der 1844 gegründete SalzburgerKunstverein ist heute auf die Förderung von zeitgenössischer Kunst spezialisiert. Mit dem 1884–85 im markanten Gründerzeitstil erbauten Künstlerhaus bekam der Verein eine repräsentative Heimat. Darin sind heute zwei Ausstellungsräume mit einer Gesamtfläche von 500 m², 21 Künstlerateliers, ein Shop, eine Bibliothek und das Bistro Tula (www.tula-bistro.at) untergebracht. Die Ausstellungen und Veranstaltungen genießen einen exzellenten Ruf. Im Sommer ist der Garten Treffpunkt für das beliebte »Sunset Kino«. Seit 2010 leuchtet das Künstlerhaus rot.

Parken

Contipark Tiefgarage Unipark Nonntal ■ Einfahrt Ulrike-Gschwandtner-Straße, 6–24 Uhr, 20 Min. 0,50 €, ab der 6. Std. 2 €/Std., Tagestarif 20 €

7 Mozartplatz

Eine späte Hommage an den berühmtesten Sohn der Stadt

Information

■ Tourist Information Mozartplatz, Mozartpl. 5, Tel. 06 62/88 98 70, www.salzburg.info, Jan.–März Mo–Sa 9–17, April–Mai tgl. 9–17, Juni–Aug. tgl. 9–18, Sept.–Dez. tgl. 9–17 Uhr

■ Bus 3, 5, 6, 7, 8, 9, 10, 14, 25, 27, 28, 840 Mozartsteg

Eine ganze Häuserreihe musste dafür weichen. Der repräsentative Platz vor der Neuen Residenz wurde Anfang des 17. Jh. unter Wolf Dietrich von Raitenau angelegt. Denn der Fürsterzbischof spielte mit dem Gedanken, seine Residenz von der Alten in die Neue zu verlegen und diese zu vergrößern. Der Plan wurde jedoch nie umgesetzt. Erzbischof Paris Lodron ließ den »Platz am Haufen«, wie er damals hieß, dann mit Kopfsteinpflaster schmücken und 1627 das Michaelstor zur Salzach hin bauen. Bald nannten die Salzburger das quadratische Areal »St. Michaelsplatz«. Im Jahr 1728 ließ der Stadtmagistrat einen Brunnen mit einer Steinfigur des Erzengels Michael errichten.

1835 machte der Schriftsteller Julius Schilling dann den Vorschlag, auf dem Platz ein Mozartdenkmal aufzustellen. Unter den Spendengebern dafür war auch König Ludwig I. von Bayern. Am 15. Sept. 1842 wurde das Mozart-Denkmal in der Platzmitte feierlich enthüllt. Unter den Ehrengästen waren auch Mozarts Söhne Carl Thomas und Franz Xaver. Seine Ehefrau Constanze konnte nicht mehr erleben, wie Wolfgang Amadeus in Salzburg 51 Jahre nach seinem Tod wieder in Erinnerung gerufen wurde. Sie starb kurz zuvor im Haus am Mozartplatz 8.

Die Salzburger waren anfangs nicht sehr begeistert vom Denkmal, da dafür der Michaelsbrunnen abgebaut und nach Mülln zum Mutterhaus der Barmherzigen Schwestern versetzt wurde. Viele trauerten dem beliebten Brunnen nach. Erst sieben Jahre nach der Errichtung des Denkmals, also 1849, wurde der Platz offiziell in Mozartplatz umbenannt.

Gefällt Ihnen das?

Wenn Sie in Salzburg auf den Spuren von Wolfgang Amadeus Mozart unterwegs sind, sollten Sie auch **Mozarts Geburtshaus** (S. 37) in der Getreidegasse, das **Haus für Mozart** (S. 48) im Festspielareal sowie das **Mozarteum** (S. 76) besuchen.

Sehenswert

Salzburg Museum

| Museum |

In der Neuen Residenz wird heute auf 3000 m² Ausstellungsfläche die Kunst- und Kulturgeschichte der Stadt und des Umlands präsentiert – spannend, unterhaltsam und interaktiv. Die Dauerausstellung »Mythos Salzburg« im 2. Obergeschoss dokumentiert den Aufstieg Salzburgs zur repräsentativen Barockstadt und spannt den Bogen bis zur Tourismushochburg heute. Darüber hinaus gibt es interessante Wechselausstellungen.

■ Mozartpl. 1, www.salzburgmuseum.at, Di–So 9–17 Uhr, 9 €, Jugendliche 16–26 J. 4 €, Kinder bis 15 J. 3 €, unter 6 J. frei

Am Mozartplatz wurde dem berühmten Komponisten im 19. Jh. ein Denkmal erbaut

Salzburger Weihnachtsmuseum

| Museum |

Nicht nur im Winter, wenn es schneit: Über dem Café Glockenspiel ist das fast ganzjährig geöffnete Weihnachtsmuseum untergebracht. Eine kleine Schatzkammer, die auch Zeitreisen in die Vergangenheit möglich macht. Gezeigt werden Weihnachtsschmuck und Zeitzeugnisse rund um das Fest aus den Jahren 1840–1940. Besonders stimmungsvoll ist ein original eingerichtetes Weihnachtszimmer von 1914. Im Museumsshop kann man hochwertige Repliken kaufen.

■ Mozartpl. 2a, www.salzburger-weihnachtsmuseum.at, Mi–So 10–18 Uhr, im Advent und während der Feststpiele tgl., Feb.–Mitte März geschl., 9 €, Kinder. 5 €

Traklhaus

| Gedenkstätte |

Georg Trakl wurde 1887 als Sohn eines Eisenhändlers in Salzburg geboren und starb im jungen Alter von 27 Jahren im Garnisonsspital in Krakau. In den wenigen ihm verbleibenden Jahren schuf der Dichter ein Werk, das ihm einen führenden Rang in der expressionistischen Lyrik des 20. Jh. sichert. Viele seiner Gedichte und Prosatexte sind mit Örtlichkeiten in Salzburg verbunden. Im Geburtshaus des Dichters ist heute eine Forschungs- und Gedenkstätte eingerichtet, die im Rahmen von Führungen zugänglich ist. Zu sehen sind Handschriften, Dokumente und persönliche Gegenstände.

■ Waagpl. 1a, Tel. 06 62/84 53 46 70, www.kulturvereinigung.com/de/Trakl/Museum, Führungen Mo–Fr 14 Uhr, 5 €, erm. 3 €

Restaurants

€ | Zwettler´s Ein uriges Wirtshaus in einem Gebäude, das seit 1863 Gäste willkomen heißt. Solide und boden-

Mit seiner einladenden Terrasse prägt das Café Glockenspiel den Mozartplatz

ständige Küche, frisch und regional, besonders zu empfehlen ist auch das preiswerte Mittagsmenü. ■ Kaigasse 3, Tel. 0662/274018, www.zwettlers.com, tgl. 11–24, Küche 11.30–22 Uhr

Cafés

Café Glockenspiel Bis ins 17. Jh. als Pferdestall genutzt, funktionierte der Vater Georg Trakls das Gebäude zur Eisenwarenhandlung um. 1925 eröffnete ein Oberkellner des nahen Cafés Tomaselli das Café Glockenspiel. Der Gastgarten bzw. die Terrasse punktet auch mit der Nähe zum berühmten Glockenspiel auf dem Turm der Neuen Residenz. Kulinarisch hervorzuheben: die hausgemachten Mehlspeisen und das Konditoreneis. ■ Mozartpl. 2, Tel. 0662/231068, www.cafe-glockenspiel.at, tgl. ab 8.30 Uhr

We Love Coffee Mozartsteg Salzburg kleinstes Kaffeehaus ist im ehemaligen Mauthäuschen am Mozartsteg untergebracht. Ein charmanter und lässiger Ort. Der Kaffee aus fairem Direkthandel wird nach Barista-Art zubereitet. Und das Gebäck, wie Brownies, Cookies und leckere Tartes, ist hausgemacht. Es gibt keinen Gastraum aber ein paar Tische und Stühle mit Blick auf die nahe Salzach. ■ Rudolfskai 37, mobil 0664 2264641, www.we-love-coffee.at, Mo–Fr 7.30–18, Sa, So 9–18 Uhr

Einkaufen

4 **Christmas in Salzburg** Nur ein paar Schritte sind es vom Mozartplatz zu einem verzaubernden Geschäft. Das ganze Jahr über gibt es hier kunstvolle Weihnachtskugeln aus mundgeblasenem Glas sowie anderen

glitzernden Baumschmuck, aber auch handbemalte, echte Ostereier. Eine wunderbare Fundgrube. ■ Judengasse 11, Tel. 0662/846784, www.christmas-in-salzburg.at, Mo–Sa 10–19, So bis 18 Uhr

Maßschuhe Haderer Im Jahr 1900 wurde das Geschäft gegründet, heute führt es Herbert Haderer in dritter Generation. Mit anhaltendem Erfolg und Qualitätsbewusstsein fertigt er Damen- und Herrenschuhe. Sehr begehrt sind auch die »handzwiegenähten« Haferlschuhe. ■ Pfeifergasse 3, Tel. 0662/841473, Mi 10–18 Uhr

8 Alter Markt

Mittelpunkt der Stadt Salzburg mit einem berühmten Brunnen

■ Bus 3, 5, 6, 7, 8, 9, 10, 14, 25, 27, 28, 840 Rathaus

Sicher einer der schönsten Plätze Salzburgs ist der von prächtigen Bürgerhäusern umgebene Alte Markt. Man muss ihn nicht lange suchen, denn bei einem Bummel durch Salzburgs Altstadt landet man ganz selbstverständlich auf ihm. Bereits im 13. Jh. wurde dieser zentrale Ort als Handels- und Marktplatz angelegt. Genutzt wurde er zudem für Feste und Traditionsveranstaltungen. 1857 zog der Wochenmarkt auf den Universitätsplatz um.

Sehenswert

Florianibrunnen

| Brunnen |

1488 musste der alte Ziehbrunnen in der Mitte des Alten Marktes einem repräsentativen Brunnen weichen. Aus ihm sprudelte Wasser vom Gaisberg. Im Laufe der Zeit immer wieder umgebaut, vereint er viele Epochen: Das Ziergitter auf dem Wasserbecken stammt von 1583, das achtseitige Brunnenbecken mit den Eckpfeilern und Rosetten von 1687. Die Statue stellt den Hl. Florian von Lorch dar und wurde 1734 von Josef Anton Pfaffinger geschaffen, dem damals bekanntesten Bildhauer im Salzburger Land.

Im Blickpunkt

Mozartkugel

Anno 1890 stellte Konditormeister Paul Fürst in Salzburg erstmals sein Mozart-Bonbon vor, das er bald Mozartkugel nannte. Der einfache Teil der Erfolgsgeschichte: Alle Mozartkugeln enthalten Schokolade, Pistazien, Marzipan und Nougat. Der komplizierte Teil: Leider vergaß der kreative Konditor, sich die Namensrechte zu sichern. So tauchten bereits 1900 Nachahmerprodukte auf, beispielsweise der heute noch mit Fürst konkurrierenden Salzburger Konditoreien Holzermayr und Schatz. Zahlreiche Gerichtsprozesse folgten. Mit dem Fazit: »Original Salzburger Mozartkugel« dürfen sich nur die handgemachten Kreationen von Fürst mit hochwertigen Zutaten nennen.

Kleinstes Altstadthaus

| Gebäude |

Wer ein spektakuläres Fotomotiv sucht, ist hier genau richtig: Das Minihaus am Alten Markt hat eine Breite von nur 1,42 m. Das ist weniger, als die Armspannweite eines mittelgroßen Menschen. Das winzige Häuschen entstand Mitte des 19. Jh. durch die Verbauung eines Gässchens. Im Erdgeschoss arrangiert sich heute eine Boutique des exklusiven Juweliers Henri J. Sillam mit dem begrenzten Platzangebot. ■ Alter Markt 10a

Restaurants

€€–€€€ | Gasthof Goldgasse In der idyllischen Goldgasse, inmitten der Altstadt, liegt dieser gepflegte Gasthof. Sehr begehrt sind an schönen Tagen die 40 Sitzplätze im Freien. Die Karte bietet Salzburger Wirtshausklassiker, aber auch moderne Interpretationen der regionalen Küche. Dafür wurde das Restaurant vom Gault Millau mit einer Haube ausgezeichnet. ■ Goldgasse 10, Tel. 0662/848200, www.gasthofgoldgasse.at, Mi–Mo 7–23 Uhr

Cafés

Café Konditorei Fürst Berühmtheit erlangte das Café mit eigener Konditorei durch die Mozartkugeln, die Paul Fürst 1890 kreierte. Dazu kommen mittlerweile eine Reihe weiterer Süßigkeiten mit Salzburg-Bezug. Im hauseigenen Kaffeehaus werden auch köstliche Mehlspeisen angeboten. ■ Brodgasse 13, Tel. 0662/843759, www.original-mozartkugel.com, Mo–Sa 9–19, So 10–17 Uhr

5 **Café Tomaselli** Es ist das älteste Kaffeehaus Österreichs mit einer mehr als 300-jährigen Familientradition. Und es ist das berühmteste und prächtigste Café Salzburgs, in dem bereits Mozart verkehrte. Wenn man hier seinen kleinen Braunen trinkt und die Kuchenmamsell mit ihrem Tagesangebot an den Tisch kommt, dann

Einer der ältesten Brunnen Salzburgs ist der Florianibrunnen am Alten Markt

kann man rasch auch mal vergessen, in welchem Jahrhundert man eigentlich lebt. An etwas ruhigeren Tagen ein fast schon unwirklich schöner Ort, an dem man sehr dankbar ist, dass eine solche Oase über so lange Zeit bewahrt wurde. ■ Alter Markt 9, Tel. 0662/8444880, www.tomaselli.at, Mo–Sa 7–19, So 8–19 Uhr

Einkaufen

Alte fürsterzbischöfliche Hofapotheke Einen Besuch in dieser historischen und wunderschönen Apotheke, 1591 gegründet, sollten Salzburg-Besucher nicht verpassen. Bei dieser Gelegenheit können sie hier auch gleich einen spanischen Verdauungs-Kräutertee oder eine Ringelsalbenblume nach alten Rezepten kaufen, die zu den Hausspezialitäten gehören. Die Rokokoeinrichtung aus dem Jahr 1777, alte Mörser und filigrane Porzellangefäße machen die Apotheke zum lebendigen Museum. ■ Alter Markt 6, Tel. 0662/843623, www.hofapotheke.de, Mo–Fr 8–18, Sa 8–12 Uhr

Die Geschichte des Cafés Tomaselli reicht bis in das Jahr 1700 zurück

9 Altes Rathaus

Signalturm für Feuer und das Ende des Bierausschanks

■ Bus 3, 5, 6, 7, 8, 9, 10, 14, 25, 27, 28, 840 Rathaus

■ Rudolfskai 2, Mo–Do 8–17, Fr 8–13.30 Uhr

Das Alte Rathaus ist mit seiner 1772 entstandenen Rokokofassade und dem markanten Turm mit aufgesetztem Glockentürmchen ein beliebtes Fotomotiv. Die im 14. Jh. erbaute Basis war ein freistehender Wohnturm, der »Keutzlturm«. Von 1612–19 wurde er verstärkt, auf die doppelte Höhe aufgestockt und viergeschossig umbaut. An der Außenfassade dokumentiert die Figur der Justitia die zeitweilige Funktion als Gerichtsgebäude. Die Glocken des Turms läuteten in früheren Zeiten die Nachtruhe ein, und bei Feuer wurde vom Turm aus Alarm geschlagen. Und es gab dort auch eine Bierglocke. Ihr Läuten um 22 Uhr war das Zeichen für die Wirte, den Bierausschank einzustellen.
Im Rathausgebäude hatten auch der Stadtschreiber, der Stadtprediger und die Stadthebamme ihre Dienstwohnungen. Neben Sitzungen der Bürgerschaft fanden hier später sogar Tanz- und Theaterveranstaltungen statt. Die

zwei kleinen der insgesamt drei Glocken des Keutzlturms sind die ältesten der Stadt. Die Turmuhr von 1802 treibt mit ihrem mechanischen Werk auch eine Monduhr an, die an der Außenfassade die Mondphase zeigt. Im zweiten Stock des Rathauses, das öffentlich zugänglich ist, fasziniert das große Panoramabild »Die Stadt Salzburg im Jahre 1916« des 1944 in Salzburg gestorbenen Malers Franz Kulstrunk.

Einkaufen

Knopferlmayer Seit 1758 verkauft der Familienbetrieb in diesem Laden Knöpfe. Über 3000 verschiedene sind es aktuell – fein säuberlich in den aufgereihten Schachteln sortiert. Die Verkäuferinnen wissen genau, wo sie welchen Knopf finden. Außerdem gibt es Spitzenbordüren, Zubehör fürs Nähen, Stricken und Sticken sowie ausgewählte Modewaren. ■ Rathauspl. 1, Tel. 0662/842263, www.knopferlmayer.weebly.com, Mo–Fr 9–18, Sa 9–16.30 Uhr

10 Getreidegasse

3 *Eine kurze Gasse, die Weltkarriere gemacht hat*

■ Bus 1, 4, 7, 8, 9, 10, 21, 22, 23, 24, 27, 28, Hanuschplatz

Trotz ihrer überschaubaren Länge von 350 m machte die Getreidegasse eine Karriere als berühmteste Gasse der Welt. Dies ist nicht verwunderlich, denn sie ist eine Gasse, wie sie nicht einmal ein oscargekrönter Hollywood-Kulissenbauer genialer hätte gestalten können. Schmal ist sie, was den romantischen Charakter noch unterstreicht, und gesäumt von stattlichen, jahrhundertealten Bürgerhäusern. Die traditionellen, schmiedeeisernen Zunftzeichen über den Läden verleihen ihr darüber hinaus bis heute einen mittelalterlichen Zauber. 350 m, eine beachtliche Länge für einen Laufsteg – und genau das ist die Getreidegasse heute. Nicht nur für Touristen gehört es zum

Der Glockenturm des Alten Rathauses ist nur von außen zu besichtigen

ADAC Mittendrin

Manchmal ist die Warteschlange im Durchhaus zwischen der Getreidegasse 33 und dem Universitätsplatz 2 länger als 10 m. Es kann also ein bisschen dauern, bis man aus dem winzigen Fenster des Balkan Grills seine »Bosna« gereicht bekommt, ein Hot Dog mit Tradition. 1949 erfand der aus Bulgarien stammende Zanko Todoroff den Würstl-Klassiker. Und seit 1950 gibt es den **Balkan Grill Walter,** wo die Bosna, zwischen zwei angewärmte Weißbrothälften geklemmt, verkauft wird. Die Zutaten zur Schweinsbratwurst sind klein gehackte Zwiebeln, frische Petersilie und eine geheime Gewürzmischung, die aber unverkennbar nach Curry schmeckt.
tgl. 11–18.30 Uhr

Pflichtprogramm, hier mindestens einmal auf und ab zu flanieren. Auch die Salzburger schätzen ihre Getreidegasse als Treffpunkt.
Bedeutungsvoll und belebt war die Gasse bereits zur Römerzeit als Hauptverkehrsweg durch Salzburg. Aus dem Mittelalter ist überliefert, dass die vielgenutzte Getreidegasse einmal wöchentlich durch kurzzeitiges Fluten gereinigt wurde. Der Name »Getreidegasse« ist übrigens vom Traben der Pferde dort abgeleitet. Von der Trabegasse wurde sie zur Traidgasse und schließlich zur Getreidegasse. Eine Besonderheit sind 13 Durchhäuser, wie die Passagen zu den Parallelstraßen genannt werden. Diese Seitenadern sorgen zusätzlich dafür, dass der Strom der Passanten nie versiegt, die auch zum Einkaufen in die Getreidegasse kommen. Neben den üblichen internationalen Ketten gibt es noch so einige traditionelle Läden, die das Einkaufen besonders reizvoll machen.

Sehenswert

Mozarts Geburtshaus

| Museum |

Das Haus in der Getreidegasse ist leicht zu finden, meist steht eine Traube an Menschen davor, viele mit Selfie-Stangen. Mozarts Geburtshaus im »Hagenauer Haus« gehört zu den meistbesuchten Museen Österreichs. 1747 zog Leopold Mozart mit seiner Frau Anna Maria im dritten Stockwerk ein. Sieben Kinder wurden hier geboren, von denen nur zwei das Kindesalter überlebten: Maria Anna, genannt »Nannerl«, und Wolfgang Amadeus. Zu sehen sind in den Wohnräumen, die allerdings nicht mehr mit den Originalmöbeln ausgestattet sind, Mozarts Kindergeige und ein Clavicord, seine Brieftasche, Urkunden, Briefe, Erinnerungsstücke, vier Haarlocken und vieles mehr. Die Ausstellungen auf zwei weiteren Etagen widmen sich dem Alltag eines Wunderkinds sowie historischen Bühnenbildmodellen, Requisiten und Kostümen der Aufführungen seiner Opern.

■ Getreidegasse 9, www.mozarteum.at, tgl. 9–17.30 Uhr, 12 €, Kinder bis 14 J. 3,50 €, Jugendliche 15–18 J. 4 €

Restaurants

€ | Zum wilden Mann Ein gutbürgerliches Traditionsgasthaus mit österreichischer Küche. Innen urig und unprätentiös. Es gibt auch 45 Außenplätze, deren schattige Lage man im Hochsommer genießt. ■ Getreidegasse 20, Tel. 06 62/84 17 87, www.wildermann.co.at, Mo–Sa 11.30–21 Uhr

€–€€ | **Sternbräu** Der beliebte Braugasthof liegt in einem Durchhaus zur Griesgasse. Die Gäste können zwischen elf Räumen wählen, etwa der urigen Braumeisterstube, der szenigen Lounge oder der modernen Galerie. Besonders gut schmeckt das hauseigene, naturtrübe Sternbier im alten Arkadengarten. ■ Getreidegasse 34–36/ Griesgasse 23, Tel. 06 62/84 21 40, www.sternbrau.com, tgl. 9–24 Uhr

€€–€€€ | **Meissl & Schadn** Schnitzelfans aufgepasst: Hier gibt es echte Wiener Schnitzel, gebacken je nach Wunsch in Butterschmalz, Schweineschmalz oder Pflanzenöl, aus der offenen Schnitzelküche. Ein wahrer Genuss! Außerdem Tafelspitz und leckere Mehlspeisen zum Dessert. ■ Getreidegasse 50, Tel. 06 62/90 30 02, www.meisslundschadn.at, tgl. 11.30–23 Uhr

6 €€–€€€ | **Restaurant Goldener Hirsch** Das mit einer Haube prämierte Restaurant im Souterrain des gleichnamigen Fünf-Sterne-Hotels (S. 61) bietet Klassiker der österreichischen Küchen in verlässlicher Perfektion, auch die Salzburger Nockerln als Dessert. Und das Ambiente verströmt einen Hauch k.-und-k.-Atmosphäre. ■ Getreidegasse 37, Tel. 06 62/808 48 61, www.restaurantgoldenerhirsch.at

Einkaufen

Azwanger Delikatessen Man hofft bei jedem Besuch, das älteste Delikatessengeschäft der Stadt möge nie modernisiert werden. Es bietet ein reiches Sortiment an ausgesuchten Weine, alten Whiskys, handgeschöpfter Schokolade, Konfitüren, verschiedenen Essig- und Honigsorten und vieles mehr. ■ Getreidegasse 15, Tel. 06 62/84 33 94 0, www.azwanger.at, Mo–Fr 11–18, Sa 10–17 Uhr

Ein Besuch der Getreidegasse und von Mozarts Geburtshaus ist ein Muss in Salzburg

Schirme Kirchtag Andreas Kirchtag ist einer der wenigen Salzburger, die sich über Regen freuen. Denn er belebt das Geschäft, das sein Urgroßvater im Jahr 1903 gegründet hat. Wie damals wird jeder Schirm auch heute noch handgefertigt. ■ Getreidegasse 22, Tel. 06 62/ 84 13 10, www.kirchtag.com, Mo–Fr 9–18, Sa 9–17 Uhr

7 **Sporer Likör- und Punschmanufaktur** Der kleine Laden im schmalsten Haus der Getreidegasse ist vollgepackt mit Flaschen und 100 Jahre alten Holzfässern. Seit 1903 ist er die erste Adresse für Spirituosen aller Art, darunter 34 Eigenprodukte. Besonders berühmt ist der Orangenpunsch nach einem alten Familienrezept. Da Familie Sporer auch ein Schankrecht besitzt, darf man die hochprozentigen Köstlichkeiten auch gleich vor Ort probieren. Und weil es innen recht eng ist, weichen viele nach draußen aus. Ein beliebter Treffpunkt! ■ Getreidegasse 39, Tel. 06 62/84 34 31, www.sporer.at, Mo–Fr 10–19, Sa 9–17 Uhr

Stassny Das kleine Geschäft für Trachtenmode ist eine Salzburger Institution und steht seit 70 Jahren für hochwertige und elegante Tracht für jeden Anlass. ■ Trachten Stassny, Getreidegasse 35, Tel. 06 62/842 35 70, www.stassny.at, Mo–Fr 9.30–18, Sa 9.30–17 Uhr

Teppichweberei Weiß Gegründet wurde die Manufaktur 1843 vom Urgroßvater des aktuellen Webereibesitzers Rupert Weiß. Bis heute werden hier Teppiche von einer Breite bis zu 4 m gefertigt. Das Angebot umfasst handgewebte Teppiche, Leinenhandtücher, Schürzen, Sitzkissen und gefütterte Fleckerlteppich-Hausschuhe. Die Werkstätte kann besichtigt werden. ■ Getreidegasse 18a, Tel. 06 62/84 54 87, www.handweberei.at, Mo–Fr 9–18, Sa 10–14 Uhr

ADAC Mobil

Die Salzach spielt für Salzburg eine tragende Rolle. Und, im wahrsten Sinne des Wortes, auch für einen Amphibienbus, der seit 2016 eine einzigartige Stadtrundfahrt möglich macht. Der weiße **Amphibienbus** wurde eigens für den Einsatz in Salzburg gefertigt und startet von der Anlegestelle am Franz-Josef-Kai. Zuerst schwimmt er ein Stück über die Salzach und fährt dann über eine Rampe zu den Sehenswürdigkeiten an Land. Während der knapp eineinhalb Stunden langen Tour bringt er seine bis zu 26 Farhrgäste zum Schloss Mirabell (S. 78), zum Mozart-Wohnhaus (S. 73) und zu Schloss Leopoldskron (S. 91). Die Rückfahrt zur Ausstiegsstelle erfolgt dann wieder mit maximal 8,5 Knoten auf der Salzach.

Franz-Josef-Kai 1a, Tel. 06 62/ 82 58 58-12, www.amphibious-splash-tours.at, 80-Min.-Tour 38 €, 4–14 J. 24 €

Es besteht auch die Möglichkeit, mit einem Ausflugsschiff Salzburg aus der Flussperspektive zu erkunden. Das **Panorama-Speedboat »Amadeus«** fährt von der Anlegestelle am Marko-Feingold-Steg (S. 64) aus 8 km flussaufwärts. An der Anlegestelle Hellbrunn besteht dann die Möglichkeit, in einen historischen Doppeldeckerbus aus London umzusteigen, um Schloss Hellbrunn und andere Sehenswürdigkeiten zu erkunden.

Anlegestelle Marko-Feingold-Steg, Tel. 06 62/82 58 58, www.salzburghighlights.at, ab 17 €, 4–14 J. 8 €

11 Haus der Natur

Hier erlebt man all die spannenden Facetten der Natur

■ Bus 1, 8, 10, 22, 27, Mönchsbergaufzug
■ Museumspl. 5, Tel. 06 62/84 26 53-0, www.hausdernatur.at, tgl. 9–17 Uhr, 9,50 €, 4–15 J. 7 €

Die Vielfalt der Themenwelten in Salzburgs meistbesuchtem Museum ist überwältigend. Sie reicht von der Welt der Saurier bis hin zu Einblicken in die Raumfahrt. Besonders auch für Kinder und Jugendliche spannend ist das interaktive Science Center mit Technik zum Anfassen und vielen Experimenten. So darf dort mit Turbinen Strom erzeugt werden, man kann auf einer Hebebühne durch den Raum schweben oder eine Brücke bauen und diese gleich ausprobieren. Lebende Tiere sind im großen Aquarium und Reptilienzoo zu sehen. Auch in der Abteilung »Der menschliche Körper« wird Wissen auf spielerische Weise vermittelt. Man könnte und mag in diesem bis ins Detail liebevoll gestalteten Museum ganze Tage verbringen.

12 Pferdeschwemme

Eine prächtige Badewanne für Pferde mitten in der Altstadt

■ Bus 1, 8, 10, 22, 27 Herbert-von-Karajan-Platz
■ Herbert-von-Karajan-Platz

Ja, bei flüchtiger Betrachtung mag man dieses Bauwerk am Herbert-von-Karajan-Platz für einen Brunnen halten. Doch bei genauerem Hinsehen ist

In Salzburg gibt es zwei Pferdeschwemmen: am Karajan- und am Kapitelplatz

zu erkennen, dass es sich um eine Besonderheit inmitten der Stadt handelt: Es ist eine Pferdeschwemme, also sozusagen eine Waschanlage für Pferde, insbesondere für die erzbischöflichen Paradepferde. Da sie zum Hofmarstall der Salzburger Fürsterzbischöfe gehörte, wird sie auch »Marstallschwemme« genannt, am Kapitelplatz gibt es eine weitere. Die Pferde wurden über die Rampe auf der rechten Seite ins Wasser geführt, gesäubert, getränkt und im Sommer auch abgekühlt.
Erbaut wurde die Pferdeschwemme im Jahr 1698 vom österreichischen Barockarchitekten Johann Bernhard Fischer von Erlach. Die eindrucksvolle Statue des »Rossbändigers« sowie die kunstvolle Seccomalerei auf der Rückwand des Beckens (Mitte des 18. Jh.) erinnern bis heute an den ursprünglichen Zweck.

13 Universitätsplatz

Aus dem stillen Klostergarten wurde ein belebter Treffpunkt

■ Bus 1, 8, 10, 22, 27 Herbert-von-Karajan-Platz

Eine schmale Passage führt der Churfürststraße folgend durch den Ritzerbogen Richtung Universitätsplatz. Heute ist dieser Weg stark frequentiert, im Mittelalter jedoch befand sich an der Stelle des heutigen Universitätsplatzes der seelenruhige »Frauengarten« des Benediktiner Stifts. Dieser Klostergarten lag außerhalb der Altstadt, also war kein großer Verbindungsweg dorthin nötig. Das änderte sich, als 1617 mit dem Bau der alten Universität und später der Kollegienkirche begonnen wurde, die 1707 geweiht wurde. Der längliche Kollegiumsplatz, wie er bis 1810 hieß, ist zur Salzach-Seite hin gesäumt von den eher schmucklosen, rückwärtigen Fassaden der Bürgerhäuser in der zweiten Häuserreihe der Getreidegasse.

Sehenswert

Grünmarkt

| Markt |

8 *Gut sortierter Markt und beliebter Treffpunkt*

Seit 1857 findet auf dem Universitätsplatz der beliebte Grünmarkt statt. An den Ständen gibt es Obst, Gemüse, Wurst, Fleisch, Käse, vielerlei Backwaren, sonstige Lebensmittel und Blumen. Legendär sind die Würstlstände, die Fast Food in hervorragender Qualität bieten. So sieht man während der Festspiele Gäste im Abendkleid oder Smoking, die sich vor dem Vorstellungsbeginn noch mit einer deftigen Käsekrainer stärken. Insbesondere an Samstagen ist der Grünmarkt ein beliebter Treffpunkt. Dann kommen zu den Stammhändlern noch viele Erzeuger aus dem Umland, die das Angebot nochmals erweitern. ■ Universitätsplatz, Mo–Fr 7–18 (einige Händler bauen ihre Stände schon deutlich früher ab), Sa 6–13 Uhr

Kollegienkirche

| Kirche |

Die Kollegienkirche zählt zu den kunsthistorisch bedeutendsten und schönsten Barockkirchen Österreichs. Sie wurde unter Erzbischof Johann Ernst Graf Thun als Kirche für die bereits seit 1620 bestehende Benediktiner-Universität errichtet. Der berühmte Barockbaumeister Johann Bernhard Fischer von Erlach, der auch die benachbarte Pferdeschwemme errichtet hatte, schuf damit sein Meisterwerk. Die Einweihungsfeier im Nov. 1707 erstreckte sich über acht Tage.

Wer das Kircheninnere betritt, wird erst einmal überrascht sein: Es gibt keine Fresken, und das Kircheninnere ist einheitlich weiß. Ziel war es, dadurch das Gesamtbauwerk mit seiner Architektur zum dominierenden Element zu machen. Damit beeinflusste die Kollegienkirche den Baustil vieler spätbarocker Kirchen der Region. Die vier Kapellen im Kircheninneren sind den Heiligen der Fakultäten gewidmet: Thomas von Aquin steht für die Theologie, Ivo für die Rechtswissenschaft, Lukas für die Medizin und Katharina für die Philosophie. Heute finden in der Kirche häufig Kunstinstallationen und Konzerte statt.

■ Universitätspl. 1

Im Jahr 1800 wurde die Kollegienkirche von den Truppen Napoleons besetzt

Marktbrunnen

| Brunnen |

Der 1940 errichtete Marktbrunnen hat ein historisches Brunnenbecken und ist ein Trinkbrunnen mit vorzüglicher Wasserqualität. 1992 wurde bei der Umgestaltung des Platzes ein kleines Stück eines Arms des Almkanals hinter dem Brunnen freigelegt. Es ist ein optisches Schauspiel und akustisches Erlebnis, wie der Wasserstrom in ein Rohr tiefer unten fällt.

■ Universitätsplatz

Restaurants

€ | **Zipfer Bierhaus** Das Zipfer ist eines der echten, noch erhaltenen Traditionswirtshäuser der Stadt. Teile des 1907 eröffneten Gasthauses stehen sogar unter Denkmalschutz. Die Küche ist solide, gutbürgerlich, und natürlich gibt es auch Biere der oberösterreichischen Brauerei Zipfer. ■ Sigmund-Haffner-Gasse 12, Tel. 0662/840745, www.zipfer-bierhaus.at, Di–Fr 11–23, Sa 10–23 Uhr, Dez. auch Mo

€€ | **Wirtshaus Elefant** Das Restaurant im Hotel Elefant (S. 60) serviert Salzburger und österreichische Spezialiäten. Hier sollte man unbedingt die Salzburger Nockerln probieren. ■ Di–Sa 11.30–24 Uhr

Einkaufen

Feinerlei Concept Store nennt sich diese 120 m² große Fundgrube für schöne Dinge. Im Angebot: Kaschmirjacken und -schals, Windlichter, Seidenblumen, Tischwäsche, Kleinmöbel, Schmuck, Taschen und noch vieles mehr. ■ Sigmund-Haffner-Gasse 6, Tel. 0662/840243, www.feinerlei.at, Mo–Fr 9.30–18.30, Sa 9.30–18 Uhr

Im Blickpunkt

Dialekt

Im Salzburger Land werden bis heute viele unterschiedliche Dialekte gesprochen. Einer der historischen Gründe dafür ist die unwegsame Berglandschaft. Sie hielt die Menschen voneinander getrennt, oft wechselt der Dialekt sogar von Tal zu Tal. Und in Salzburg wird ein anderer Dialekt gesprochen als in den angrenzenden Gauen Flachgau und Tennengau. Die städtische Sprache ist zum einen beeinflusst von der traditionellen politischen Nähe zur Landeshauptstadt Wien, andererseits von der räumlichen Nähe zu Bayern. So gibt es eine Vielzahl an Ausdrücken, die Sie wohl nur in Salzburg hören werden.
Hier einige Beispiele:

ansi = grantig
bachalwoam = lauwarm
freschtln = frieren
Gicksn = Schluckauf
hiatz = jetzt
hoangaschtn = gesellig zusammen sein
koanweis = nach und nach
lax = heftig
liab = nett
orschlings = rückwärts
Purzgagai = Purzelbaum
schnopfitßn = weinen
Summamerln = Sommersprossen
ghibig = neblig
rasln = schnarchen
Sacktiachl = Taschentuch
schatzn = plaudern
Taberhölln = Kartoffel

14 Rupertinum

Eine überwältigende Fülle an erstklassigen Kunstwerken

■ Bus 1, 8, 10, 22, 27 Herbert-von-Karajan-Platz

■ Wiener-Philharmoniker-Gasse 9, www.museumdermoderne.at, Di–So 10–18, Mi 10–20 Uhr, 13 €, bis 19 J. 8 €, unter 6 J. frei

Die herausragende Sammlung moderner und zeitgenössischer Kunst ist seit 2004 ein Teil des Museums der Moderne Salzburg. Das frühbarocke Gebäude zwischen Kollegienkirche und Franziskanerkirche wurde bereits 1350 urkundlich erwähnt. Unter Erzbischof Paris Lodron diente das Palais als Priesterseminar, später dann als Schüler- und Studentenheim. 1983 wurde es als »Salzburger Museum für moderne Kunst und Graphische Sammlung« der Öffentlichkeit zugänglich gemacht, 2016 erfolgte eine grundlegende Sanierung. Zudem zog auch die »Generali Foundation« ein. Sie zählt zu den größten Privatsammlungen Österreichs und umfasst über 2100 Werke von 250 renommierten Künstlern. Seit 1981 baut das Museum zudem eine Sammlung von Fotografien auf. Sie umfasst mittlerweile 12 000 Werke. Den künstlerischen Anspruch zeigt das Rupertinum bereits von außen: 1982 schmückte Friedensreich Hundertwasser einige Fenster der Fassade mit goldenen und silbernen Keramikblättchen. Diese Arbeit wurde als »Salzburger Zungenbärte« berühmt.

Gefällt Ihnen das?

Möchten Sie mehr moderne und zeitgenössische Kunst sehen, dann besuchen Sie auch das **Museum der Moderne** auf dem Mönchsberg (S. 51) und folgen Sie dem **Walk of Modern Art** (S. 77).

Sonntags werden in der Franziskanerkirche regelmäßig Messen von Mozart gespielt

15 Franziskanerkirche

Nur knapp entging die Klosterkirche ihrem Abriss

■ Bus 1, 8, 10, 22, 27 Herbert-von-Karajan-Platz

■ Franziskanergasse 5, Tel. 06 62/ 84 36 29, www.franziskanerkirche-salzburg.at, www.franziskaner-salzburg.at

Mit ihrem schlanken, gotischen Turm prägt die Kirche, in spannungsvollem Kontrast zum barocken Dom, das Stadtbild Salzburgs. Die Franziskanerkirche ist in ihrem Ursprung eine der ältesten Kirchen der Stadt. Der erste schriftliche Nachweis der Kirche mit dem damaligen Namen »Unserer Lieben Frau« ist durch eine Restaurierung in der ersten Hälfte des 8. Jh. belegt. 1167 brannte die Kirche nieder. Nur das spätromanische Langhaus des Wiederaufbaus ist bis heute erhalten, denn ein weiterer Stadtbrand genau 100 Jahre später zerstörte die Kirche abermals schwer.

Zu Beginn des 15. Jh. wurde mit dem Neubau begonnen, 1592 übergab Erzbischof Wolf Dietrich von Raitenau die Kirche den Franziskanern als Klosterkirche. Sie stand immer in Konkurrenz zum Dom, so wurde die gotische Spitze 1670 sogar abgerissen und durch einen barocken Turmhelm ersetzt, um die Franziskanerkirche einige Meter niedriger als die Domtürme zu machen. 1867 wurde das wieder rückgängig gemacht. Seitdem überragt der Turm den Dom wieder um ganze 6 m.

Der romanisch-gotische Stil der Kirche kam bei den Salzburgern allerdings nicht zu allen Zeiten gut an. Als »rückständig« empfand Erzbischof Hieronymus von Colloredo (1732–1812) die »unschöne Kirche« und wollte sie »zur Gänze abreißen lassen«. Ein Schicksal, das der Franziskanerkirche aber glücklicherweise erspart blieb. So bewundern die Besucher heute das Langhaus mit dem feingliedrigen spätgotischen Chor mit sehr schönem Sternrippengewölbe und den barocken Hochaltar von Fischer von Erlach, in dem die gotische Figur der Maria mit Kind von Michael Pacher integriert ist.

Einer der Standorte des Museums der Moderne ist das Rupertinum

Rechts unten im Eingangsportal findet sich ein Detail, das gerade in den heutigen Zeiten wieder sehr aktuell ist: die sogenannte »Asylhand«. Wer sie berührte, bekam Einlass in die Kirche, ganz egal, wie seine persönliche Lebensgeschichte aussah.

Das Große Festspielhaus ist eine der Spielstätten der Salzburger Festspiele

16 Großes Festspielhaus

Eine Bühne, für die Rekorde selbstverständlich sind

■ Bus 1, 8, 10, 22, 27 Herbert-von-Karajan-Platz

■ Hofstallgasse 1, www.salzburgerfestspiele.at, Führungen durch das Große Festspielhaus, die Felsenreitschule und das Haus für Mozart tgl. 14, Juli, Aug. 9 und 14 Uhr, 7 €, 6–18 J. 4 €

Die Zahlen sind beeindruckend: Mit einer Bühnenbreite von 100 m, einer Tiefe von 25 m und einer Portalhöhe von 9 m gehört das Große Festspielhaus zu den größten Bühnen weltweit. Der Orchestergraben fasst 110 Musiker, und 2179 Zuschauer finden im Theater Platz. Zum Vergleich: Die berühmte »Scala« in Mailand verfügt über 2030 Plätze. Aber richten wir unseren Blick zurück: Wo heute Opern und Konzerte zu hören sind, waren ab 1607 die fürsterzbischöflichen Hofstallungen. Nach Ende des Fürsterzbistums 1803 diente das Haus als Kaserne, und ab 1924 war darin das »Haus der Natur« untergebracht. Durch den Erfolg der 1920 gegründeten Festspiele wurde aber von 1956–60 die Idee umgesetzt, ein zweites Festspielhaus in den Mönchsberg zu bauen. 55 000 m³ Fels mussten dafür abgetragen werden. Der frühere Hofmarstall wurde zum Pausenraum umgebaut. Bodenmosaike mit Pferdeköpfen erinnern dort an die Geschichte des Gebäudes. Am 26. Juli 1960 wurde das Große Festspielhaus mit der Oper »Der Rosenkavalier« von Richard Strauss eröffnet. Das Haus birgt mehrere bedeutende Kunstwerke, u. a. von Robert Longo, Wander Bertoni und Arno Lehmann.

Salzburger Festspiele

Sie gelten als bedeutendstes Musik- und Theaterfestival der Welt. Und die Festspiele sind auch für die Stadt Salzburg von überragender Bedeutung. Zum einen wirtschaftlich, zum anderen imagemäßig. Mit den Festspielen schafft es Salzburg jedes Jahr wieder verlässlich in die Schlagzeilen. Die besten Musiker, Schauspieler und Regisseure kommen gerne, Prominenz, Adel und Wirtschaftsgrößen ebenso. Und sogar Weltkarrieren starten hier, wie im Jahr 2002 der kometenhafte Aufstieg von Anna Netrebko. Man muss wissen: Die Salzburger Festspiele sind sozusagen Zwillinge mit einer kleinen Schwester. Da gibt es zum einen die Urzelle der Festspiele, die sechswöchigen **Sommerfestspiele**. Maßgeblich initiiert wurden sie vom Dichter Hugo von Hofmannsthal (1874–1929), dem Komponisten Richard Strauss (1864–1949) und allen voran vom Regisseur Max Reinhardt (1873–1943). Die Geburtsstunde markiert der 22. August 1920 mit einer Aufführung des Schauspiels »Jedermann« auf dem Domplatz – ein Stück, das bis heute fester Bestandteil des Programms und längst Kult ist. Die zehntägigen **Osterfestspiele** gründete Herbert von Karajan 1967. Nicht ganz uneigennützig, denn er schuf sich damit den Freiraum, um große Wagneropern ganz nach seinen Vorstellungen aufführen zu können. Und das mit seinen geschätzten Berliner Philharmonikern. Die **Pfingstfestspiele**, ebenfalls von Karajan gegründet, bilden inzwischen organisatorisch eine Einheit mit den Sommerfestspielen. Sie wurden 1973 gegründet und sind mit nur drei Tagen Spielzeit sehr kompakt. Die günstigen Tickets für die Vorstellungen in den Festspielhäusern sind rasch vergriffen. Es besteht aber bei den Sommerfestspielen die Möglichkeit, Konzerte und Opernpremieren live und Open Air auf dem Kapitelplatz gratis zu genießen.
www.siemens.at/festspielnaechte

17 Felsenreitschule

Ein Theater, in dem der blanke Fels die Bühnenkulisse bildet

■ Bus 1, 8, 10, 22, 27 Herbert-von-Karajan-Platz
■ Hofstallgasse 1, www.salzburgerfestspiele.at, Führungen durch das Große Festspielhaus, die Felsenreitschule und das Haus für Mozart tgl. 14, Juli, Aug. 9 und 14 Uhr, 7 €, 6–18 J. 4 €

Die berühmte Felsenreitschule ist sicher einer der spektakulärsten Theatersäle weltweit: Das Publikum blickt auf einen Bühnenhintergrund, der aus 96 Felsarkaden besteht, die dreigeschossig übereinander angeordnet sind. Regisseure und Bühnenbildner, die diese Grundkonstellation geschickt nutzen und beleuchten, erzielen nicht selten eine geradezu magische Wirkung. Dass hier aber einmal so lieblich Töne erklingen würden, das war bis zur ersten Hälfte des 17. Jh. schwer vorstellbar. Damals wurde an dieser Stelle Sedimentgestein des Mönchsbergs für den Dombau gebrochen. Die dadurch entstandenen Hohlräume füllte 1633 der in Salzburg vielbeschäftigte Barockbaumeister Johann Bernhard Fischer von Erlach mit der Felsenreitschule. Festspielgründer Max Reinhardt integrierte 1926 das Gebäude erstmals als Spielstätte in die Salzburger Festspiele. Und es war erneut der geniale, gebürtige Salzburger Dirigent Herbert von Karajan, der einen Meilenstein setzte, indem er im Jahr 1948 die Felsenreitschule zur Opernbühne umfunktionierte und dort »Orfeo ed Euridice« von Christoph Willibald Gluck aufführte. In den Anfangsjahren saßen die Zuschauer noch in den Arkaden, hatten also die umgekehrte Blickrichtung wie heute. Ende der 1960er-Jahre wurden eine Unterbühne, ein Orchestergraben und ein 1437 Zuschauer fassender Raum mit Logen gebaut.

Der Künstler Anton Faistauer gestaltete eines der Foyers des Hauses für Mozart

18 Haus für Mozart

Ein moderner und glamouröser Tempel für die Werke Mozarts

■ Bus 1, 8, 10, 22, 27 Herbert-von-Karajan-Platz
■ Hofstallgasse 1, www.salzburgerfestspiele.at, Führungen durch das Große Festspielhaus, die Felsenreitschule und das Haus für Mozart tgl. 14, Juli, Aug. 9 und 14 Uhr, 7 €, 6–18 J. 4 €

Das ursprüngliche »Kleine Festspielhaus« ist das erste Festspielhaus, die Keimzelle sozusagen. Es ist aber gleich-

In der Felsenreitschule finden heute Konzerte vor einer beeindruckenden Kulisse statt

zeitig das Festspielhaus, das die häufigsten Umbauten erlebte, bis heute sechs. Der erste verwandelte es von der ehemaligen Hofstallung zur Theaterbühne. 1925 weihte es Max Reinhardt mit einem Werk von Hugo von Hofmannsthal ein. Dessen Titel »Das Salzburger große Welttheater« ist durchaus programmatisch für die Zukunft. Die größte Umgestaltung erfolgte 2006, seitdem gibt es Platz für 1580 Zuschauer. Damals bekam es auch den Namen »Haus für Mozart« verliehen. Veredelt wird es von der »Goldenen Wand« im Foyer, die der deutsche Künstler Michael Hammers konzipierte. In der 17 m hohen Lamellenkonstruktion ist in einer Öffnung ein aus Swarovski-Kristallen geschaffener Mozartkopf zu sehen. Wunderbar ist auch, dass die dem Saalbau vorgelagerte Terrasse nun Teil des Foyers ist. Wer hier in der Pause einer Da-Ponte-Oper mit dem Sektglas steht und auf das Festspielgeschehen und das abendliche Salzburg blickt, der fühlt sich dem Paradies sehr nahe.

Restaurants

€€–€€€ | Die geheime Specerey Nun gut, geheim ist diese Mischung aus Feinkostladen und Restaurant bei Gourmets nicht mehr. Dies liegt an der Qualität der Spezialitäten, z. B. Fleisch vom selbst gezüchteten Weideschwein. Auch die Location mit dem historischen Weinkeller ist außergewöhnlich. ■ Sigmund-Haffner-Gasse 16, Tel. 06 99/17 50 18 06, www.felleis-knittelfelder.at/specerey, Di–Sa 11–24 Uhr

€€–€€€ | Triangel An den Wänden hängen handsignierte Fotoporträts von Musikstars. Und während der Festspiele sitzen dann auch leibhaftig in und vor ihrem »zweiten Wohnzimmer«, wie viele prominente Künstler das Restaurant in Steinwurfweite der Festspielhäuser nennen. Auch außerhalb der Festspielzeit begeistert das Restaurant im Kneipenstil mit nonchalantem Service und gehobener Hausmannskost, wie z. B. dem vielgerühmten Kalbsrahmgulasch mit Nockerl. ■ Wiener-Philharmoniker-Gasse 7, mobil 0664 250 9573, www.triangel-salzburg.co.at, Di–Sa 11.30–23 Uhr

Cafés

Herr Leopold Ein gepflegtes Kaffeehaus im zeitgenössischen Design, das selbstbewusst von sich behauptet, die Wiener Kaffeehauskultur neu erfunden zu haben. Bekannt ist es auch für die vorzüglichen Buchteln mit Powidl-Füllung, also Rohrnudeln mit Pflaumenmus-Füllung. ■ Wiener-Philharmoniker-Gasse 1, Tel. 0662/840510, www.herr-leopold.com, Mo–Fr 8–19, Sa bis 20, So 9–18 Uhr

19 Mönchsberg

Der Berg inmitten der Altstadt ist auch der Gipfel des Genusses

■ Bus 1, 8, 10, 22, 27, Mönchsbergaufzug
■ Parken: Vorsicht eng! Siehe Kasten

Ein Berg? Bei allem Respekt, der Name Mönchsberg ist doch sehr ambitioniert. Denn die 508 m hohe Erhebung ist eher ein Hügel, man könnte sagen das Sahnehäubchen Salzburgs. Man muss wissen, Salzburgs Altstadt liegt bereits auf einer Höhe von 424 m. Wie auch immer, der Mönchsberg, der eigentlich keiner ist, ist Hausberg, Wahrzeichen, Aussichtsterrasse und Naherholungsgebiet zugleich.
Es gibt auf dem 1700 m langen Bergrücken, benannt nach den Mönchen des Benediktinerklosters St. Peter am Fuße des Felsens, viele interessante Ziele.

Am einem Ende des Karl-Böhm-Saals ist der freigelegte Fels des Mönchsberg zu sehen

Zudem eine große Auswahl an Fußwegen, um ihn zu erkunden und zu erklimmen. Alte Steige beginnen beispielsweise in der Nonnberggasse und Brunnhausgasse, im Toscaninihof und am Sigmundstor. Nicht selten hat man – selbst in der Hochsaison – die schmalen Wege ganz für sich alleine. Wer Glück hat und sich Zeit nimmt, sieht unterwegs sogar Eichelhäher, Turmfalken oder Spechte. Wir wollen aber nicht verschweigen, dass auch die Möglichkeit besteht, mit dem Mönchsbergaufzug in 30 Sekunden nach oben zu schweben.

Der Mönchsberg brachte den Salzburgern aber nicht nur Segen: Es kam in der früheren Stadtgeschichte immer wieder zu Felsstürzen. Der schwerste traf am Morgen des 16. Juli 1669 die Gstättengasse. Die Markuskirche, Liebfrauen-Kapelle, das alte Krankenhaus der Barmherzigen Brüder sowie 13 Wohnhäuser wurden verschüttet, 230 Menschen kamen ums Leben. Seitdem gibt es in Salzburg einen ungewöhnlichen Berufsstand: die Bergputzer. Sie seilen sich im Auftrag des Magistrats an den steilen Flanken des Mönchsbergs ab und klopfen von der 300 000 m² großen Felswand lose Steine in Handarbeit ab.

Sehenswert

Bürgerwehr

| Wehrmauer |

Die gut erhaltene, sogenannte Bürgerwehr ist ein mittelalterlicher Wehrmauerabschnitt auf dem Mönchsberg, der in den Jahren 1486–88 unter Fürsterzbischof Bernhard von Rohr (1421–87) errichtet wurde. Er bestand ursprünglich aus einer Mauer mit zwei Türmen und einem vorgelagerten Zwinger, wobei die Mauer später zur Anlage mit acht Türmen ausgebaut wurde. Zeitgleich zum Bau der Bürgerwehr wurde 1488 eine Bürgerwehr gegründet, die erst 1816 aufgelöst wurde. Zwei der Türme sind heute wieder bewohnt.

Mönchsberg 19

ADAC Wussten Sie schon?

In Salzburg gibt es eine Garage, in der das Parken zum Abenteuer wird. Bei der **Mönchsberggarage** handelt es sich um ehemalige Stollen, die im Zweiten Weltkrieg als Schutzbunker tief in den Fels getrieben wurden. 30 Jahre später, als der Verkehr die Innenstadt zu überfluten drohte, besann man sich dieser brachliegenden Flächen in unmittelbarer Altstadtlage. Die Stollen wurden erweitert und stabilisiert. Mitunter geht es hier schon recht eng zu. Wer an Klaustrophobie leidet, sollte diese Felsgarage besser meiden.
Tiefgarage Altstadtgaragen A+B, Zufahrt über Neutorstr., bis einschl. 3. Std. 0,50 €/10 Min., ab der 4. Std. 3 €/Std., Tagestarif 22 €

Museum der Moderne

| Museum |

4 *Ausgezeichnete Ausstellungen in exponierter Lage*

Das vom Münchner Architektenteam Friedrich Hoff und Zwink in spektakuläre Lage gebaute Museum wurde 2004 eröffnet. Die radikale Wucht seiner puristischen Gestaltung ist in dieser lieblichen Umgebung erst einmal überraschend, um nicht zu sagen verstörend, aber gleichzeitig überwältigend. Ein Highlight sind die verglasten Treppenhäuser und die Verklei-

dung des Außenbaus mit lokalem Marmor vom Untersberg (S. 104). Schein und Sein liegen bei dem Museum auf demselben Niveau, denn auch die Qualität der zeitgenössischen Kunstexponate, die auf 2300 m² präsentiert werden, ist vom Allerfeinsten. Es gibt weltweit kaum ein anderes Museum, in dem Lage, Raum und Inhalt so kongenial verschmelzen.
■ Mönchsberg 32, www.museumdermoderne.at, Di–So 10–18, Mi bis 20 Uhr, 13 €, bis 19 J. 8 €, unter 6 J. frei

Verkehrsmittel

Mönchsbergaufzug Als der elektrische Aufzug auf den Mönchsberg 1890 eröffnet wurde, war er mit 60 m der höchste Aufzug Europas. Zwölf Personen fanden jeweils in den beiden Kabinen Platz, zwei Minuten dauerte die Auffahrt. Als 1947 das beliebte Terrassenrestaurant auf dem Mönchsberg zum Grand Café Winkler umgebaut wurde, verlegte man den Aufzug in das Innere des Bergs, der alte Aufzug wurde abgetragen. Die drei Liftkabinen, die 1987 abermals von Grund auf modernisiert wurden, brauchen heute nur eine halbe Minute. ■ Gstättengasse 13, Tel. 06 62/88 84 97 50, www.salzburg-ag.at, Mo 8–19, Di–So 8–21, Juli, Aug. tgl. 8–23 Uhr, Berg- oder Talfahrt 2,80 €, bis 14 J. 1,30 €, unter 6 J. frei

Restaurants

€€ | Bio-Restaurant Humboldt Die Küche des urig-edlen Restaurants beweist, dass vegetarische, vegane, gluten- und laktosefreie Speisen kein Widerspruch zu österreichischen Spezialitäten sein müssen. Auf der Speisekarte stehen Klassiker wie Tafelspitz, Rindsgulasch und Kasnockn. ■ Gstättengasse 4, Tel. 06 62/84 31 71, www.humboldtstubn.at, Mo–Do 10.30–23, Fr 10.30–2, Sa 10–2, So 10–23 Uhr

€€–€€€ | m32 Wenn das Panoramarestaurant, integriert ins Museum der Moderne, um 9 Uhr morgens öffnet, ist es ein ruhiges und schickes Café, in dem man ausgezeichnet frühstücken kann. Im Lauf des Tages wandelt es sich zum beliebten Business-Lunch-Treff am Mittag, zur Aperitif-Lounge-Bar am frühen Abend und schließlich zum Gourmetrestaurant mit einer Gault-Millau-Haube. ■ Mönchsberg 32, Tel. 06 62/84 10 00, www.m32.at, Di–So 9–1 Uhr, während der Festspielzeiten auch Mo

ADAC Spartipp

Es dürfte wohl die Jugendherberge mit der europaweit besten Aussicht sein. Das urige Naturfreundehaus **Stadtalm** bietet vom Mönchsberg einen Sahneblick über die Mozartstadt. Im Panorama-Gastgarten des Restaurants und Cafés gibt es deftige österreichische Wirtshauskost und hausgemachte Süßspeisen. Wenn es mal etwas kühler wird, kann man in der Gaststube mit Kamin Skihüttenatmosphäre schnuppern. Sportliche Gäste erreichen die Stadtalm vom Festspielhaus zu Fuß in 15 Min., komfortabler ist es mit dem Mönchsbergaufzug oder dem Auto. Rechtzeitige Reservierung ist dringend empfohlen, denn mit 22 Gästebetten in fünf Zimmern ist die Kapazität rasch erschöpft.
Am Mönchsberg 19c, Tel. 06 62/84 17 29, www.stadtalm.at

Die Terrasse des Restaurants m32 besticht mit einer herrlichen Aussicht auf Salzburg

Cafés

Bäckerei Ursprunger Die 1429 erstmals urkundlich erwähnte Bäckerei ist Salzburgs älteste. Sehr viel hat sich hier im Laufe der Zeit nicht verändert. Vor der Bäckerei steht noch der alte Verkaufstisch mit Marmorplatte. Und wie im Mittelalter üblich, sind Bäckerei und Verkaufsladen in einem einzigen Raum untergebracht. In einem zweiten Raum stehen Kaffeetische. ■ Gstättengasse 4, Tel. 0662/840528, Mo–Fr 6.30–18, Sa 9–17 Uhr

20 Müllner Kirche

Eine himmlische Oase am Fuße des Mönchsbergs

■ Bus 4, 7, 9, 21, 24, 27, 28 Bärenwirt

Wer den Mönchsberg-Spaziergang Richtung Norden verlängert, landet nach einem kurzen Abstieg am Rande des Salzburger Stadtteils Mülln. Der gotische Turm der Müllner Pfarrkirche mit barocker Doppellaterne ist dort unübersehbar. 1453 wurde die außen eher nüchterne Saalkirche geweiht. Innen überrascht sie mit barocker Opulenz, 1735–38 wurde sie neu ausgestaltet. Nur die gotischen Kreuzrippengewölbe blieben erhalten. Beim Betreten der Kirche zieht der mächtige Hochaltar aus rotem Marmor den Blick auf sich. Dessen Zentrum bildet die Gnadenmadonna mit Jesuskind, ein spätmittelalterliches Meisterwerk.

Restaurants

9 **€ | Augustiner Bräu Kloster Mülln** Fünf große Säle gibt es hier, einer schöner als der andere. Der Abt-Nicolaus-Saal z. B. ist der ehemalige Marmorsaal des Salzburger Hauptbahnhofs, dem hier ein zweites Leben

Gemütliches Plätzchen: der große Biergarten des Augustiner Bräu Klosters Mülln

Im Blickpunkt

Salzburger Nockerln

Es dürfte das einzige Dessert der Welt sein, dem ein eigenes Lied gewidmet ist. 1961 sang Peter Alexander eine Hymne auf die Mehlspeise: »Süß wie die Liebe, zart wie ein Kuss ... Salzburger Nockerln sind wie ein himmlischer Gruß.« Wenn sie gelingen. Denn es gehört schon einige Erfahrung dazu, damit das luftige Backwerk aus Ei, Mehl und Zucker nicht vor dem Servieren zusammenfällt. Stramm wie die drei Hausberge Mönchsberg, Kapuzinerberg und Gaisberg sollen die Nockerln dastehen. Eine schöne Legende ist es wohl, dass sie von Salome Alt, der Mätresse des Salzburger Erzbischofs Wolf Dietrich von Raitenau, erfunden wurden. Fest steht, dass die Nockerln extrem sättigend wirken. Schon wer eine schafft, verdient Respekt.

gegönnt wird. Erst einmal versorgen wir uns im »Schmankerlgang« mit kulinarischen Genüssen. An neun Ständen gibt's vom Hendl bis hin zum Steckerlfisch einfach alles, was dem Biertrinken eine solide Basis gibt. Das Bier wird hier von den Schankburschen aus dem Holzfass gezapft und in Steinkrüge geschenkt, die man vorher selbst am Brunnen mit kaltem Quellwasser ausschwenkt. 1621 wurde die Augustiner Brauerei zu Salzburg Mülln von den Augustinermönchen gegründet. Bis heute wird das Bier nach altem Rezept und zum großen Teil von Hand gebraut. Das schätzen auch die Einheimischen. Mit großem Biergarten. ■ Lindhofstr. 7, Tel. 0662/431246, www.augustinerbier.at, Mo–Fr 15–23, Sa, So 14.30–23 Uhr, einstündige Führung durch die historische Brauerei Mo–Fr nachmittags nach telefonischer Anmeldung

€–€€ | Bärenwirt Die besten Backhendl der Stadt? Nach Einschätzung vieler Salzburger gibt es die in diesem Wirtshaus am Müllner Hügel, das bereits seit dem Jahr 1663 existiert. Auch das Rindsgulasch, die Kasnocken und der Bauernschmaus setzen hohe kulinarische Maßstäbe. ■ Müllner Hauptstr. 8, Tel. 06 62/42 24 04, www.baerenwirt-salzburg.at, tgl. 11–23 Uhr, Reservierung erforderlich

Cafés

Bäckerei Alois Essl Dieser Bäcker ist im Augustiner Bräu Kloster Mülln (S. 53) vertreten. Besonders empfehlenswert sind die Topfentascherl. ■ Ignaz-Harrer-Str. 41, Tel. 06 62/43 11 23, Mo–Fr 6.30–18, Sa 6.30-12 Uhr

Café am Kai Ein angesagtes Frühstückscafé. Innen ist es rustikal-gemütlich gehalten, auf der Terrasse herrscht lockeres Loungefeeling. Die gute Nachricht für Langschläfer: Frühstück gibt es hier bis 13 Uhr. Dazu den ganzen Tag über kleine Gerichte, wie beispielsweise einen leckeren Flammkuchen und himmlische Mehlspeisen aus der hauseigenen Konditorei Mikl in Hallein. ■ Franz-Josef-Kai / Müllner Hauptstr. 4, mobil 06 64 170 78 99, www.cafeamkai.eu, Do–Mo ab 8.30 Uhr

ADAC Spartipp

Die Neue Mitte Lehen beherbergt nicht nur die Stadtbibliothek, sondern auch die architektonisch kühne **Panoramabar**. Bei spektakulärer Aussicht kann man im Café & Bistro Kowalski seinen Kaffee genießen und über WLAN kostenlos 2000 Zeitschriften aus über 100 Ländern auf einem eigenen Mobilgerät lesen. Von Aserbaidschan bis Zimbabwe ist so ziemlich jede Publikation im Angebot.
Schumacherstr. 14, mobil 06 64 456 43 50, www.cafe-kowalski.at, Mo, Do, Fr 10–18, Di, Mi 15–19, Sa 10–15 Uhr

Die Müllner Pfarrkirche befindet sich am nördlichen Ausläufer des Mönchsbergs

Die Kunstwerke des Walk of Modern Art

A.E.I.O.U.

Anselm Kiefer schuf 2002 das erste Kunstwerk des Salzburger »Walk of Modern Art« im Wilhelm-Furtwängler-Garten. Es ist begehbar und birgt im Inneren ein großformatiges Bild, ein Regal mit Bleibüchern und eine Wandschrift. Der Werktitel verweist auf Kaiser Friedrich III., der mit dieser Abkürzung seinen Anspruch zum Ausdruck brachte: »Alles Erdreich ist Oesterreich untertan.«

Ziffern im Wald

Eine magische Stimmung vermittelt das versteckt zwischen Bäumen liegende und begehbare Kunstwerk auf dem Mönchsberg, das der italienische Künstler Mario Merz im Jahr 2003 beisteuerte. Es besteht aus zwölf Edelstahlrohren, die eine 7 m hohe Kuppel bilden. Auf ihr sind 21 nachts leuchtende Neonziffern angebracht. Sie symbolisieren sprießende Blätter und das ewige Werden.

Spirit of Mozart

Das 2004 entstandene Kunstwerk der serbischen Künstlerin Marina Abramovic am nördlichen Ende der Staatsbrücke besteht aus einem 15 m hohen Stuhl, der von acht Edelstahlstühlen in Normalgröße umgeben ist. Auf ihnen darf und soll das Publikum Platz nehmen und sich mit Blick auf die schöne Mozartstadt der Meditation hingeben.

Mozart – Eine Hommage

Die 2005 entstandene Statue des deutschen Malers und Bildhauers Markus Lüpertz auf dem Ursulinenplatz vor der Markuskirche war von Anfang an heftig umstritten. Auch, weil der Bronzefigur der linke Arm fehlt, die Proportionen sehr frei gestaltet sind und der Torso im Ungefähren zwischen weiblich und männlich bleibt.

Sky-Space

Das einfache, aber faszinierende Kunstprojekt des amerikanischen Künstlers James Turrell entstand 2006 auf dem Mönchsberg, nahe dem Museum der Moderne. Der fast 10 m hohe, begehbare Kunstraum in Form eines Zylinders ist nach oben hin geöffnet. So ist immer ein Ausschnitt des Himmels zu sehen, und das Tageslicht mit seiner unterschiedlichen Intensität und Farbsättigung wird zum wesentlichen Bestandteil des Werks.

Sphaera und Frau im Fels

Siehe S. 21

Caldera

Auf dem Makartplatz schuf der englische Bildhauer Anthony Cragg 2008 eine begehbare, 5 m hohe Skulptur aus patinierter Bronze. »Caldera« steht in der Geologie für den Kraterkessel eines Vulkans. Eine Intention des Kunstwerks ist es, eine Parallele zur Kessellage Salzburgs zum Ausdruck zu bringen.

Vanitas
Das 2009 entstandene Werk des französischen Künstlers Christian Boltansky in der Chorkrypta des Salzburger Doms besteht aus zwölf Blechfiguren, die im Kerzenlicht ihre Schatten an die Rückwand werfen, während ein Todesengel seine Kreise zieht. Dazu ist eine automatische Zeitansage zu hören. Man kann das Werk als moderne Version eines »Totentanzes« interpretieren. Während man sich in die Betrachtung vertieft, verrinnt hörbar die Zeit.

Awilda
Die 2010 entstandene Skulptur des katalanischen Künstlers Jaume Plensa zeigt einen monumentalen, 5 m hohen Kopf eines Mädchens. Die Figur im Hof der Juridischen Fakultät ist aus 20 Platten Marmor zusammengesetzt, was ihr eine Dynamik, aber auch Verletzlichkeit gibt. Gleichzeitig strahlt das Kunstwerk Ruhe und Unnahbarkeit aus.

Gurken
Das 2011 geschaffene, humorvolle Werk des Österreichers Erwin Wurm ist das bei den Salzburgern beliebteste. Fünf überdimensionierte Essiggurken ragen im Wilhelm-Furtwängler-Garten wie krumme Säulen aus dem Boden.

Connection
Rund 11 m lang und 2,6 m hoch ist die Edelstahlskulptur, die der österreichische Fotograf und Bildhauer Manfred Walkolbinger 2011 am Rudolfskai geschaffen hat. Sie soll eine Verbindung zwischen dem »Außen« und »Innen« herstellen –zwischen der Stadt und den Menschen, die sie mit Leben füllen.

Beyond Recall
Die österreichische Künstlerin Brigitte Kowanz hat 2011 eine Mahnung gegen das Vergessen geschaffen. In vier Kuben auf den Brückenköpfen der Staatsbrücke leuchten in Neonlicht Schriftzüge sowie ein Text. Dieser ist einer Gedenktafel an der Brücke entnommen und den Kriegsgefangenen und Zwangsarbeitern gewidmet, die von 1941–45 die Brücke erbaut haben.

berliner block
Der aus Krastaler Marmor geschaffene und 2017 installierte Block des österreichischen Künstlers Gerhard Trieb im Mirabellgarten wirkt massiv, aber durch das eingefräste Netz an Linien sowie durch die unterschiedliche Modulierung gleichzeitig fragil. Zum Ausdruck kommen soll auch die innere Spannung des Steins.

Manfred Wakolbingers organisch geschwungene Skulptur Connection

Während der Sommerfestspiele wird der Kapitelplatz zur Open-Air-Bühne

Am Abend

Das Nachtleben in Salzburgs Altstadt spielt sich zum großen Teil in den Restaurants ab. Später auch in den edlen Bars der großen Hotels wie dem Hotel Elefant (S. 60). Im Sommer verlockt die fast schon italienisch anmutende Atmosphäre in den Gassen und auf den Plätzen zum Flanieren, Eis essen und Genießen dieses grandiosen Stadtensembles. Nein, Salzburg ist wirklich keine exzessive Partystadt, ab Mitternacht wird es in der historischen Innenstadt ziemlich ruhig. Dennoch gibt es eine Kneipen- und Clubszene, die aber – mit wenigen Ausnahmen – außerhalb des Zentrums beheimatet ist. Eine Alternative ist das einzigartige Mozartkino. Dort sind nicht nur die Filme sehenswert, sondern auch das Kino selbst.

Bühne

Schauspielhaus Salzburg Das größte freie Theater Österreichs lockt jährlich über 60 000 Besucher in den Stadtteil Nonnberg. Der abwechslungsreiche Spielplan reicht von Stücken der Antike über große Klassiker bis zum zeitgenössischen Repertoire. Einen besonderen Schwerpunkt bildet Theater für junges Publikum. ■ Erzabt-Klotz-Str. 22, Tel. 06 62/80 85 85, www.schauspielhaus-salzburg.at

Konzerte

Mozart Dinner Concert Musiker in Kostümen des 18. Jh. verzaubern Gäste dieses historischen Dinners mit Stücken von Wolfgang Amadeus Mozart. Das Konzert findet zwischen den drei Gängen statt, Getränke werden extra berechnet. ■ Stiftskulinarium St. Peter, Sankt-Peter-Bezirk 1/4, Tel. 06 62/ 90 29 00, www.mozart-dinner-concert-salzburg.com, ab 19.30 Uhr (Einlass ab 18.30 Uhr), 74–98 €, bis 14 J. 55 €

Dinner & Salzburger Festungskonzert Erst wird in den geschichtsträchtigen Räumen (S. 26) ein 3-Gänge-Menü serviert. Danach spielen Musiker des Mozart Kammerorchesters Salzburg oder des Salzburger Mozartensembles Werke von Wolfgang Amadeus Mozart, Johann Strauss und Joseph Haydn. ■ Mönchsberg 34, Tel. 06 62/82 58 58, www.salzburgticket.comr

Salzburger Kulturvereinigung Auch außerhalb der Festspielzeiten finden u. a. im Großen Festspielhaus, dem Haus für Mozart, der Felsenreitschule und im Mozarteum Konzerte mit namhaften Interpreten statt. Die Salzburger Kulturvereinigung ist ein Verein und Konzertveranstalter, der sich seit sieben Jahrzehnten für die Bereicherung des Konzertlebens engagiert. ■ Trakl-Haus, Waagpl. 1a, Tel. 06 62/ 84 53 46, www.kulturvereinigung.com

Kneipen, Bars und Clubs

Citybeats Club Metropolen-Flair im historischen und renovierten Gebäude vom Lokal Sternbräu im Herzen der Altstadt. Bei der Musik überwiegen House und RnB. ■ Griesgasse 23, mobil 06 64 149 10 00, www.citybeats.at, Fr, Sa 22–5 Uhr

Flip Cocktailbar Gute Drinks, nette Crew, junges Publikum und viele Studenten. Und das bereits seit 1984. Aktuelle Musikrichtung: Rock und Metal. Für besonders heiße Nächte gibt's einen kleinen Gastgarten. ■ Gstättengasse 17, Tel. 06 62/84 36 43, www.facebook.com/flipsalzburg, Mi–Sa 19–5, So–Di 19–4 Uhr

SodaClub Salzburgs Adresse für elektronische Musik. Wer House, Deep-House, TechHouse, Drum & Bass oder Dubstep schätzt, ist hier richtig. Es gibt DJ-Acts aus dem In- und Ausland. ■ Gstättengasse 21, mobil 06 64 572 08 17, www.facebook.com/sodaclubsalzburg official, Fr, Sa 22–5 Uhr

ADAC Das besondere Kino

Das **Mozartkino** ist ein echtes Juwel und eines der ältesten Kinos der Welt. Seit 1905 werden hier, im Kaserer-bräuhaus, bewegte Bilder gezeigt. Der herrlich verspielte Römersaal steht sogar unter Denkmalschutz. Viele Berühmtheiten waren hier: Romy Schneider, Maria Schell, Luis Trenker, der spanische Ex-König Juan Carlos und jede Menge andere.

Kaigasse 33, Tel. 06 62/842 22 20, www.mozartkino.at

Übernachten

In der historischen Altstadt von Salzburg zu übernachten, das macht den Besuch zum besonderen Erlebnis. Die Sehenswürdigkeiten sind dann – sehr praktisch – zu Fuß zu erreichen. Und spätabends noch durch die romantischen Gassen spazieren zu können, hat seinen speziellen Zauber. Die Auswahl an Hotels ist groß und bietet auch einige berühmte und luxuriöse Häuser mit langer Tradition. Das Preisgefüge ist in der Altstadt allgemein eher gehoben, was an der großen Nachfrage und hohen Auslastung der Hotels liegt. Besonders zur Festspielzeit empfiehlt sich eine frühzeitige Buchung. Auffallend sind bei den meisten Übernachtungsbetrieben die hohe Qualität der Ausstattung, der Komfort im Detail sowie ein zuvorkommender Service. Die Concierges sind spürbar bemüht, ihren Gästen aus aller Welt über den Hotelaufenthalt hinaus behilflich zu sein und Tipps zu geben. Der Gast genießt hier großen Respekt.

€

Boutiquehotel am Dom Der Name verrät schon, wie zentral dieses gepflegte und familienfreundliche Vier-Sterne-Privathotel liegt. Die Zimmer in dem 800 Jahre alten Haus sind modern und jedes individuell gestaltet. Es gibt in der Nähe des Hotels eine Tiefgarage, die Zufahrt ist zum Ent- und Beladen auch direkt zum Hotel möglich. ■ Goldgasse 17, Tel. 06 62/ 84 27 65, www.hotelamdom.at

Hotel Elefant Das 700 Jahre alte Stadtpalais liegt im Zentrum der Altstadt. In direkter Nachbarschaft befinden sich der Universitätsplatz und der Festspielbezirk, die Getreidegasse und der Alte Markt. Es bietet modernen Vier-Sterne-Komfort. Sehr schön ist die hoteleigene Bar. Das Wirtshaus Elefant bietet Salzburger und österreichische Klassiker. ■ Sigmund-Haffner-Gasse 4, Tel. 06 62/84 33 97, www.hotelelefant.at

ADAC Das besondere Hotel

Das **Hotel Schloss Mönchstein** ist ein Paradies für besondere Anlässe, wie z. B. Hochzeiten. Das Fünf-Sterne-Superior-Hotel in erhabener Lage hoch über der Altstadt wurde schon mehrfach zum besten Schlosshotel der Welt gewählt. Und es ist auch wirklich märchenhaft schön. Einige Rahmendaten: 24 exklusive Zimmer und Suiten, ein 14 000 m² großer Schlosspark, Day-Spa, Infinity-Pool, ein haubengekröntes Gourmet-Restaurant Glass Garden. Die futuristische Apollo Bar steht auch Nicht-Hotelgästen offen, der Blick auf Salzburg ist atemberaubend. Und die Preise zu Festspielzeiten sind es ebenso: Eine Suite kostet dann mitunter über 2000 €.

€€€ | Mönchsberg Park 26, Tel. 06 62/848 55 50, www.monchstein.at, Apollo Bar tgl. 11–23 Uhr

Seit Mitte des 20. Jahrhunderts beherbergt Schloss Mönchstein ein Luxushotel

€€

Hotel Goldgasse Das zentral, aber dennoch ruhig gelegene Boutiquehotel ist das einzige »Small Luxury Hotel« Salzburgs. Jedes der 16 Zimmer ist individuell eingerichtet und bis ins Detail originell und luxuriös gestylt. ■ Goldgasse 10, Tel. 06 62/84 56 22, www.hotelgoldgasse.at

Radisson Blu Hotel Altstadt Ein Fünf-Sterne-Hotel im modernen Stil mit historischen Wurzeln, die z. B. in Form der mittelalterlichen Holzdecken, Stuckverzierungen und antiken Gemälde z. T. bis heute erhalten wurden. Das Haus wurde im Jahr 1377 erstmals urkundlich erwähnt, zu dieser Zeit wurde es als Brauerei genutzt. Es gibt einen Parkservice und das sehr empfehlenswerte Haubenrestaurant Symphonie. Das hauseigene Café verwandelt sich am Abend in eine beliebte Bar. Da der Rudolfskai, also die Straße zur Salzach hin, äußerst verkehrsreich ist, empfiehlt es sich, ein Zimmer zur Altstadt hin zu buchen. ■ Rudolfskai 28, Tel. 06 62/848 57 10, www.radissonblu.com

€€€

Arthotel Blaue Gans Das älteste Gasthaus Salzburgs ist heute ein schickes Boutiquehotel mit individuell gestalteten Zimmern, deren konzeptionelles Design schon in Kunst übergeht. Die Lage nur wenige Schritte vom Festspielhaus schätzen besonders Festspielgäste. Das Restaurant ist vorzüglich. ■ Getreidegasse 41–43, Tel. 06 62/842 49 10, www.blauegans.at

Goldener Hirsch Das kürzlich äußerst geschmackvoll renovierte Fünf-Sterne-Hotel in der Getreidegasse ist für viele Festspielgäste eine Kultstätte. Denn näher an den Festspielhäusern kann man kaum wohnen. Die Geschichte des Hauses lässt sich bis ins Jahr 1407 zurückverfolgen. Ein beliebter Treffpunkt ist die kleine Bar des charmanten Luxushotels. Tolles Frühstücksbüfett! ■ Getreidegasse 37, Tel. 06 62/80 84 0, www.marriott.com

Rechts der Salzach

Mit Schloss Mirabell zeigt sich Salzburg rechts der Salzach majestätisch. Hier gewährt die Stadt Einblicke in den lebendigen Alltag

Die Salzach trennt die Altstadt Salzburgs in zwei Hälften. Rechts ihrer Fließrichtung liegt der insgesamt etwas weniger frequentierte Teil, der aber ebenfalls viele herausragende Sehenswürdigkeiten aufzuweisen hat. Schloss Mirabell mit dem weitläufigen Schlossgarten etwa und das zum interessanten Museum gestaltete Mozart-Wohnhaus. Einen Hausberg hat die rechte Altstadt in Form des markanten Kapuzinerbergs ebenfalls. Wer am frühen Morgen durch die Steingasse geht, die das Platzl mit der Arenbergstraße verbindet, hat sie manchmal ganz für sich alleine und kann eintauchen in die unverfälschte mittelalterliche Atmosphäre dort.

Die Wege in der rechten Altstadt sind etwas weiter, und es gibt einige Verkehrsachsen. Aber es lohnt sich, in diesem belebten Stadtteil auf Entdeckungstour zu gehen. Eine beliebte Flaniermeile ist die Linzer Gasse, die von zahlreichen Geschäften, Cafés und Restaurants gesäumt ist. Empfehlenswert ist auch ein Ausflug über die Grenze der rechten Altstadt hinaus ins angrenzende Andräviertel – ein Stadtteil, der mit seinem Wochenmarkt rund um die Andräkirche, trendigen Lokalen, Concept Stores und hipper Vielfalt punktet. Und der zeigt, was Salzburg auch ist: eine pulsierende, moderne und weltoffene Stadt.

In diesem Kapitel:

ADAC Top Tipps:

5 Marionettentheater
| Theater |
Das kleine Theater wurde im Jahr 2016 von der UNESCO zum Kulturerbe Österreichs geadelt. Im Programm stehen nicht nur Märchen, sondern auch Operetten. 74

6 **Schloss Mirabell**
| Lustschloss |
Es ist der Liebe gewidmet: 1606 ließ Fürsterzbischof von Raitenau das Schloss für seine Geliebte Salome Alt erbauen. Eine Oase nahe der historischen Innenstadt, mit einem prachtvollen Barockgarten. 78

ADAC Empfehlungen:

10 **Café Bazar**
| Café |
In diesem Kaffeehaus treffen sich die Künstler und Lebenskünstler. 65

11 **Würth Skulpturen Garten**
| Skulpturengarten |
Moderne Kunst inmitten der Natur im Garten von Schloss Arenberg. 67

12 **Maiers**
| Restaurant |
Internationale Küche vom Feinsten in der ältesten Gasse Salzburgs. 69

13 **Zum fidelen Affen**
| Gaststätte |
Gemütliches Wirtshaus mit vielen Salzburger Spezialitäten. 72

14 **Zauberflötenspielplatz**
| Spielplatz |
Auf diesem Spielplatz im Mirabellgarten kommen Kinder spielerisch mit Mozarts Werk in Berührung. 82

15 **Hotel & Villa Auersperg**
| Hotel |
Im Andräviertel gelegene Oase mit Charme und Liebe zum Detail. 87

21 Marko-Feingold-Steg

Äußerst beliebter und belebter Weg über die Salzach

■ Bus 1, 4, 7, 8, 9, 10, 21, 22, 23, 24, 27, 28, Hanuschplatz
■ Zwischen Ferdinand-Hanusch-Platz und Elisabethkai, Höhe Hotel Sacher

An manchen Tagen überqueren mehr als 20 000 Menschen auf diesem Fußgängersteg die Salzach. Ein beliebtes Fotomotiv sind die unzähligen Liebesschlösser am Geländerzaun der Brücke, vom zarten Vorhängeschloss bis hin zum massiven Fahrradschloss. Nicht immer wurde das vom Magistrat der Stadt aber gerne gesehen. 2011 ließ man mit Bezug auf das bestehende Verbot 46 Schlösser entfernen. Doch bald kapitulierte die Stadtverwaltung vor dieser angesagten Art von Liebesbeweis. Und für die Statik der 400 t schweren Brücke ist das Gewicht der Schlösser eine Lappalie.
Auch für ein Foto Richtung Altstadt ist der Steg der ideale Ort. Durch die leichte Bogenform ändern sich während der Flussüberquerung immer wieder die Blickachsen. In seiner heutigen Form wurde der Steg 2001 fertiggestellt und ist bereits die dritte Variante. Die erste, »Museumssteg« genannt, wurde im Jahr 1905 im filigranen Jugendstil errichtet. Wie die anderen Brücken Salzburgs war er bis Anfang der 1920er-Jahre mautpflichtig. 1966 musste dieser Steg gesperrt werden, da er an mehreren Stellen durchgerostet war. Auf den Pfeilern des alten Stegs wurde im dar-

Der Marko-Feingold-Steg verbindet die Altstadt links und rechts der Salzach

auffolgenden Jahr ein neuer errichtet. Er war allerdings mit so einfachen Mitteln gebaut, dass er leicht ins Schwingen geriet, was vielen Passanten gar nicht gefiel. Zudem war er sehr schmal. 2001 wurde dieser Steg durch die aktuelle, breite Stahl-Balkenbrücke ersetzt. Bis 2021 trug das Bauwerk den Namen des Malerfürsten Hans Makart, dann wurde es zu Ehren von Hofrat Marko Freingold (1913–2019), ehem. Präsident der Israelitischen Kultusgemeinde in Salzburg und Ehrenbürger der Stadt, in Marko-Feingold-Steg umbenannt.

Cafés

10 **Café Bazar** Schöner als dieser traditionsreiche Künstler- und Schriftstellertreff kann ein Kaffeehaus nicht sein. Die Jugendstilelemente der Einrichtung mischen sich mit klassischer Wiener Kaffeehaustradition. Eröffnet wurde das Kaffeehaus 1909 von Richard Tomaselli, dem Bruder von Otto Tomaselli, der das Café Tomaselli (S. 34) führte. Nicht unerwähnt soll die Terrasse bleiben, mit einem Sahneblick auf die Altstadt. Besser geht's nicht! So verwundert es nicht, dass im Gästebuch, das seit 1927 geführt wird, viele Prominente mit ihrem Namen verewigt sind. Besonders schön ist die Atmosphäre, wenn sich am Abend, ein Stünderl vor dem Schließen, die Geschäftigkeit in wohlige Ruhe wandelt. ■ Schwarzstr. 3, Tel. 0662/874278, www.cafe-bazar.at, Mo–Sa 7.30–19.30, So 9–18 Uhr, warme Küche ab 11 Uhr

Café Würfel Zucker Strudel, Strudel und nochmals Strudel! Ob herzhaft oder süß, hier wird jeder fündig. Tipp: Hier gibt es den ganzen Tag lang Frühstück. ■ Griesgasse 13, Tel. 0676/3007129, www.wuerfelzucker.at, Mi–So 9–18 Uhr

Im Blickpunkt

Salzburger Kaffeekunde

Wer in einem Kaffeehaus in Salzburg schlicht und einfach einen Kaffee, Espresso oder Cappuccino bestellt, der setzt sich der Gefahr aus, als kulturlos zu gelten. Auf jeden Fall provoziert es Rückfragen. Denn Kaffee ist in Salzburg und Österreich nicht gleich Kaffee. Das Getränk ist hier ein Nationalgut. Dementsprechend sind auch allen Varianten ganz präzise und mitunter klangvolle Bezeichnungen zugeordnet. Hier die wichtigsten:

Kleiner Brauner: Einfacher Mokka (Espresso) mit Milch oder Obers (Sahne) in kleiner Schale. Das Kaffeeobers wird traditionell in einem winzigen Porzellankännchen extra auf dem kleinen Tablett serviert, damit der Gast selbst das Mischungsverhältnis bestimmen kann.

Großer Brauner: Doppelter Mokka mit Obers oder Milch in einer großen Tasse.

Einspänner: Kleiner Mokka (traditionell im Glas) mit viel Schlagobers (Schlagsahne).

Fiaker: Großer Mokka (traditionell im Glas) mit viel Zucker und einem Stamperl (Schnapsglas) Schnaps oder Rum.

Melange: Halb Kaffee, halb Milch.

Großer Schwarzer: Doppelter Mokka in einer großen Tasse.

Kleiner Schwarzer: Einfacher Mokka in einer kleinen Tasse.

Verlängerter: Ein kleiner Schwarzer, mit der gleichen Menge an heißem Wasser gestreckt.

Das Innere Steintor, auch Judentor genannt, ist dem hl. Johannes geweiht

22 Steingasse

Eine Gasse, die Geschichte machte und Geschichten erzählt

■ Bus 3, 5, 6, 7, 8, 9, 10, 14, 25, 27, 28 Mozartsteg/Imbergstraße (stadeinwärts)

Die schmale Steingasse, eine der ältesten Gassen der Altstadt, verströmt bis heute eine mittelalterliche Atmosphäre. Sie ist ein uralter Teil der Länderverbindung von Norden nach Süden und war einst ein wichtiger Transportweg, besonders auch für Salz. Bis zur Salzachregulierung 1862 hatten viele der flusszugewandten Häuser direkten Zugang zum Wasser. Deshalb siedelten sich in der Steingasse zahlreiche Gewerbe an, die viel Wasser benötigten: Weißgerber und Färber etwa und auch Töpfer.

Auf der anderen Seite der Gasse sind die Häuser direkt an den steil aufragenden Kapuzinerberg gebaut, bei einigen ersetzt der Fels sogar die Rückwand. Heute sind die meisten der Gebäude Wohnhäuser. Wie das in der Steingasse 31, wo Joseph Franz Mohr (1792–1848) in seiner Jugendzeit wohnte. Später als Pfarrer verfasste der gebürtige Salzburger den Text zum weltberühmten Weihnachtslied »Stille Nacht, heilige Nacht«.

Imposant ist das Innere Steintor, eines der ältesten Stadttore Salzburgs. Es wurde Ende des 13. Jh. als Bestandteil der ersten Stadtmauer errichtet. Am Ende der Gasse trifft man auf den Engelwirtsbrunnen, der vom bekannten Salzburger Barockbildhauer Andreas Götzinger (1643–1711) im Jahr 1696 geschaffen wurde. Er stand ursprünglich in der Linzergasse, später gegenüber des ehemaligen Gasthauses Zum goldenen Engel, direkt in der Steingasse. Weil er dort den zunehmenden Verkehr behinderte, wurde er 1890 an seinen heutigen Standort verlegt. Besonders fotogen ist die Steingasse übrigens am späteren Vormittag, wenn die Sonne direkt auf die alten Fassaden scheint.

Sehenswert

Das Kino

| Kulturzentrum |

Seit 1978 zeigt das Arthouse-Kino ein ausgewähltes Filmprogramm. Auch Low-Budget-Produktionen aus Afrika, Asien und Südamerika schaffen es hier auf die Leinwand, meist in Originalsprache mit Untertiteln. Zudem finden Vorträge, Lesungen, Konzerte und Festivals statt, wie das Lateinamerika Filmfestival im März und das Bergfilmfestival im November. Das Kino-Gebäude ist 1469 erstmals urkundlich erwähnt und war über Jahrhunderte hinweg ein Teil des historischen Wirts- und Badehauses Zum goldenen Engel. Mitte des 20. Jh. wurde das Wirtshaus in ein Lichtspieltheater mit dem Namen »Gloria« umgewandelt, bevor es zu »Das Kino« wurde.

■ Giselakai 11, Tel. 06 62/87 31 00, www.daskino.at

Mozartsteg

| Brücke |

Die unter Denkmalschutz stehende Fußgängerbrücke mit Jugendstilschmuck verbindet die Imbergstraße am rechten Flussufer mit dem Südende des Mozartplatzes (S. 30) in der historischen Altstadt. Eröffnet wurde der Eisensteg im Jahr 1903. Wer ans andere Salzachufer wollte, musste bis 1920 für die Nutzung der Brücke bezahlen. Im ehemaligen Mauthäuschen am linken Salzachufer ist heute ein kleines Café untergebracht (S. 32).

ADAC Mittendrin

Für einige Jahre war die Terrasse im 7. Stock des Hotels Stein in Seven Senses umbenannt. Doch der Name setzte sich nicht durch. Nun heißt sie wieder **Steinterrasse**, hat aber noch denselben sensationellen Panoramablick. Die Glasfassaden des Innenraums lassen sich zu allen Seiten fast komplett öffnen. In lauen Nächten ist die Terrasse der spektakulärste Ort der Stadt. Neben Frühstück, Lunch und Dinner gibt es ab 22 Uhr eine Bar-Karte mit kleineren Speisen. Die Mischung aus Lounge und Gourmetrestaurant gelingt souverän. Wer sich nach dem letzten Drink nicht mehr weit bewegen will, bucht ein Zimmer in dem schicken Lifestyle-Design-Hotel.

Hotel Stein, Giselakai 3–5, Tel. 06 62/ 87 72 77, www.steinterrasse.com, So–Do 7–24, Fr, Sa bis 1 Uhr

Würth Skulpturen Garten

| Skulpturengarten |

11 *Ein Traditionstierpark wandelt sich zum Zoo der Zukunft*

Etwas versteckt im Garten von Schloss Arenberg liegt dieses sehenswerte, kleine Freilichtmuseum mit zeitgenössischer Kunst. Manche der insgesamt 13 Skulpturen gehen eine harmonische Verbindung mit der Natur ein, andere bilden einen markanten Kontrast. Ohne Frage: Der Würth Skulpturen Garten ist ein höchst gelungenes Projekt, das Natur und Kunst in Korrelation bringt.

■ Salzburg Stiftung der American Austrian Foundation, Arenbergstr. 10, Tel. 06 62/64 01 01, tgl. 8–18 Uhr, Eintritt frei

Restaurants

€€ | Köchelverzeichnis Das Restaurant von Top-Gastronomin Andrea Hinck kann man immer noch als Geheimtipp einordnen. Zu den täglich wechselnden, italienisch inspirierten Menüs wird eine interessante Auswahl an Weinen angeboten. ■ Steingasse 27, Tel. 0664/5167501, www.facebook.com/koechelverzeichnis, Mo–Sa 17–23 Uhr, Reservierung sehr empfehlenswert

Einkaufen

Geschwister Lanz Trachtenmoden Es ist zum großen Teil auch diesem fast 100 Jahre alten Salzburger Familienunternehmen zu verdanken, dass das Tragen von ländlicher Tracht stadtfein und salonfähig wurde. Lanz hat aus dem rustikalen Kleidungsstil einen Klassiker für jede Gelegenheit gemacht. Und das, nicht zuletzt durch die Festspielgäste, sogar mit internationalem Erfolg. ■ Schwarzstr. 4, Tel. 0662/874272, www.lanztrachten.at, Mo–Fr 9–18, Sa 9–17 Uhr

Der Basteiweg führt an der alten Wehrmauer des Kapuzinerklosters entlang

23 Kapuzinerberg

Ein Stück idyllischer Natur am Rande der Neustadt

■ Bus 1, 3, 4, 5, 6, 21, 22, 23, 25 Makartplatz

Der 640 m hohe Kapuzinerberg am rechten Salzachufer ist mit seinen ausgedehnten Waldflächen ein stark frequentiertes Naherholungsgebiet der Salzburger. Bis 1938 war der Besuch des Hausbergs gebührenpflichtig. Ja, sogar eine Gämsenkolonie gibt es hier. 1948 wanderte ein Gamsbock vom nahen Gaisberg auf den Kapuzinerberg aus und fühlte sich hier wohl. Dem Single wurde 1952 eine Gamsgeiß aus der Steiermark zugeführt. Die Vereinigung der Gämsen aus zwei Bundesländern verlief erfolgreich, inzwischen kümmert sich der Stadtjäger um die etwa zwölf Tiere.

Der Salzburger Hausberg ist durch mehrere Wanderwege gut erschlossen und die steile Nordwand ist ein stadtnahes Eldorado für Kletterer. Unter Denkmalschutz steht das Paschinger Schlössl, das der bekannte österreichische Autor Stefan Zweig 1917 kaufte und von 1919–34 bis zu seiner Emigration bewohnte. Die Villa ist heute im Privatbesitz und nicht zugänglich.

Beliebte Ausflugsziele am Kapuzinerberg, der früher Imberg genannt wurde, sind das Franziskischlössl und die Kirche des Kapuzinerklosters. Von der sogenannten »Kanzel« unterhalb des Klosters hat man einen Postkartenblick auf die Altstadt Salzburgs.

Sehenswert

St. Johannes am Imberg

| Kirche |

Das Kirchlein unterhalb des Kapuzinerklosters ist im Kern romanisch. 1319 wurde es erstmals urkundlich erwähnt. Nach einem schweren Orkanschaden 1663 wurde der einschiffige Bau im Jahr 1681 barockisiert wiederaufgebaut. Das Hochaltarbild ist von 1681, die Seitenaltarbilder schuf der damals sehr gefragte Kirchenmaler Franz Nikolaus Streicher (1736–1811). Von 1961–2007 war die Kirche geschlossen und wurde umfassend renoviert.

■ Imbergstiege 3

Restaurants

€–€€ | **Gablerbräu** Die Geschichte der historischen Biergaststätte reicht zurück bis 1429. Bestens erhalten sind die neugotische Stube mit mittelalterlichen Schnitzarbeiten sowie bunte Fenster mit Glasmalerei im Kathedralenstil. Seit 2022 lautet der offizielle Name Gablerbräu by Yor Ribs (nach Küchenchef Yorrick Jansen und seinen berühmten Ribs). Auf der Speisekarte stehen nun neben den österreichischen Standards neu interpretierte Ribs-Varianten, Steaks und Burger. ■ Linzer Gasse 9, Tel. 06 62/889 65, www.gablerbrau.at, tgl. 12–23 Uhr

12 €€ | **Meiers** Viele Stammgäste halten das kleine und familiengeführte Restaurant für das beste in Salzburg. Seit 14 Jahren servieren Anna, Maxi und Moritz ihre legendären Haus-Klassiker wie das Maiers Steak, Rotgarnelen und Beef Tatar mit Wachtelspiegeleiern. Darüber hinaus wechselt die Speisekarte alle zwei Wochen und bietet saisonale internationale Küche vom Feinsten. Es gibt, neben dem geschmackvoll und modern eingerichteten Innenraum, auch eine kleine Terrasse. Eine unaufgeregte kulinarische Oase, nur wenige Gehminuten vom historischen Zentrum entfernt. ■ Steingasse 61, Tel. 0662/87 93 79, www.maiers-salzburg.at, Di–Sa 18–22 Uhr

ADAC Mobil

Es gibt verschiedene Wege, um den Kapuzinerberg zu erkunden. Besonders reizvoll ist der **Basteiweg,** der zum großen Teil der Wehrmauer aus der Zeit des Dreißigjährigen Krieges folgt. Ursprünglich angelegt wurde er für die fürsterzbischöflichen Soldaten. 1933 wurde der verwachsene Steig als Wanderweg der Öffentlichkeit zugänglich gemacht. Der Einstieg ist von der Steingasse aus über die **Imbergstiege** möglich oder vom Franziskustor in der Linzer Gasse über den **Stefan-Zweig-Weg.** Im Bereich der grandios gelegenen, aber privat genutzten Villa Spaur ist der Weg derzeit nicht begehbar. Es besteht eine Umgehung über z. T. abenteuerliche, recht steile Pfade.
Der Basteiweg endet nach 1,7 km kurz nach dem Franziskischlössl nahe dem höchsten Punkt des Kapuzinerbergs. Als Rückweg empfiehlt sich der bequemere und asphaltierte Stefan-Zweig-Weg. Rutschfeste Schuhe sind besonders bei feuchtem Untergrund dringend zu empfehlen!

Die Flaniermeile Linzer Gasse, ein halber Kilomter an Läden und Lokalen

24 Linzer Gasse

Flanieren, einkaufen und genießen: der Laufsteg der Neustadt

■ Bus 1, 3, 4, 5, 6, 14, 21, 22, 23, 25 Makartplatz, Bus 4, 151 Hofwirt

Sie ist die Flaniermeile der Neustadt mit Boutiquen, Geschäften, Cafés und Restaurants. Ausgehend vom Platzl bei der Staatsbrücke verläuft die Linzer Gasse 500 m parallel zum Kapuzinerberg. Bereits in der Römerzeit war sie Hauptverkehrsader der rechten Altstadt und wichtigste Ausfallstraße nach Linz, Wien und ins nordöstliche Habsburgerreich. Die beim Stadtbrand von 1818 schwer beschädigten Bürgerhäuser aus dem 14. und 15. Jh. konnten fast vollständig restauriert werden.

Parken

Parkgarage Linzer Gasse ■ Glockengasse 4a, 0–24 Uhr, 1. Std. 2,20 €, jede weitere Std. 2,40 €, Tagestarif 17,90 €

Cafés

Café Konditorei Habakuk Traditionscafé, das täglich frisch produzierte, hausgemachte Mehlspeisen im Angebot hat. Sehr lecker z. B. ist der Topfenstrudel. Auch einer eigenen Version der Mozartkugel rühmt man sich hier, selbstverständlich handgemacht. Im Sommer gibt's ein paar Plätze draußen vor der Tür, von wo man das Treiben in der Linzergasse in aller Ruhe beobachten kann. ■ Linzergasse 26, Tel. 0662/874510, tgl. 9–18 Uhr

Einkaufen

Favorite Kamer, Lieblingszimmer Ein liebevoll gestalteter Concept Store mit Espressobar. Schwerpunkte des Sortiments sind die Bereiche Wohnen, Genießen, Wohlfühlen. Im »Hand Spa« können Seifen, Lotionen und Peelings gleich vor Ort getestet werden. ■ Linzer Gasse 33, mobil 066412507 43, www.favoritekamer.com, Mo–Fr 8–13, 14–18, Sa 10–17 Uhr

25 Sebastiansfriedhof

Gräber von Berühmtheiten, gebettet in melancholische Schönheit

■ Bus 2, 4, 21, 22 Wolf-Dietrich-Straße, Bus 4, 151 Hofwirt
■ Linzer Gasse 41

Wie in Paris und Venedig, so sind auch in Salzburg die alten Friedhöfe von einer würdevoll-morbiden Schönheit. Man betritt sie mit Respekt vor der jahrhundertealten Geschichte und all den damit verbundenen Schicksalen. Gleichzeitig ist man fasziniert von den klangvollen Namen und Titeln, von den kunstvollen Grabsteinen, von pittoresk verwitterten Grabplatten. Der Friedhof St. Sebastian ist ein besonders gelungenes Beispiel dafür. 1595 ließ Fürsterzbischof Wolf Dietrich von Raitenau den bekannten Baumeister Andrea Bertoleto den bereits 1511 geweihten Friedhof im Stil eines italienischen Campo Santo umgestalten. Andrea Bertoleto verstarb ein Jahr später und wurde als erster auf seinem Friedhof beerdigt.

Ein Charakteristikum des italienischen Stils ist der umlaufende Arkadengang. Die prächtigste Grabstätte ist die Gabrielskapelle in der Mitte, das Mausoleum für den 1617 verstorbenen Fürsterzbischof Wolf Dietrich von Raitenau. Neben den Grabstätten vieler Salzburger Bürger- und Kaufmannsfamilien sowie von Theophrast von Hohenheim, besser bekannt als legendärer Arzt Paracelsus, finden sich hier auch das Grab von Mozarts Frau Constanze und ihres zweiten Mannes Georg Nikolaus Nissen. Ein weiterer Stein des Mozart-Grabs weist auf die letzte Ruhestätte von Leopold hin, Vater von Wolfgang Amadeus. Er liegt allerdings nicht hier, sondern ist in der Kommunegruft der Eggerschen Grabstätte begraben. In der zum Friedhof gehörigen Sebastianskirche ist am Hochaltar die Strahlenmadonna mit Kind von 1611 besonders sehenswert.

Einige Familienmitglieder Mozarts wurden auf dem Friedhof St. Sebastian beigesetzt

26 Dreifaltigkeitskirche

Ein imposanter Sakralbau mit kunstvollem Innenleben

■ Bus 1, 3, 4, 5, 6, 14, 21, 22, 23, 25 Makartplatz

Die zwischen 1694 und 1702 entstandene Kirche gilt als bedeutendster Sakralbau der Neustadt. Sie ist das erste Salzburger Werk des österreichischen Barockarchitekten Johann Bernhard Fischer von Erlach (1656–1723). Die mächtige Tambourkuppel, die beiden Türme mit ihren Haubenaufsätzen und die palastartigen Seitenflügel sind die Hauptmerkmale dieses römisch inspirierten Kirchenbaus.
Im Inneren fasziniert das geniale Kuppelfresko des Salzburger Barockmalers Johann Michael Rottmayr (1656–1730). Es zeigt die Krönung Mariens und die namensgebende heilige Dreifaltigkeit. Es gibt eine besondere Tradition: In der Kirche liegt ein »Anliegenbuch« aus, in das Besucher ihre Bitten und Sorgen schreiben können. Einmal wöchentlich findet eine Messe für diese Anliegen statt.

Restaurants

13 **€–€€ | Zum fidelen Affen** Hinter dem lustigen Namen verbirgt sich ein gemütliches und sehr ungezwungenes Wirtshaus mit einer über 40-jährigen Geschichte. Es gibt das von den Salzburgern sehr geschätzte Trumer Pils direkt aus dem Fass und ausgesuchte Weinspezialitäten. Dazu werden Klassiker wie Wiener Schnitzel und Rindsgulasch serviert, aber auch Fisch und eine Auswahl an vegetarischen Gerichten. Eine besonders be-

Die Dreifaltigkeitskirche liegt am Makartplatz, dort befindet sich auch die Skulptur »Caldera«, eines der Kunstwerke des Walk of Modern Art

liebte Spezialität ist das »Salzburger Bierhendl«, eine im dunklen Bier geschmorte Maishendlbrust. ■ Priesterhausgasse 8, Tel. 06 62/87 73 61, www.fideleraffe.at, Di–Sa 17–24 Uhr

€€ | Johanneskeller im Priesterhaus Das urige Kellerlokal wird von einem Mitarbeiter-Kollektiv geführt. Der Service ist freundlich, die Karte überschaubar, aber die österreichische Küche hervorragend. Eine Reservierung ist dringend zu empfehlen. ■ Richard Mayr Gasse 1, Tel. 06 62/26 55 36, www.johanneskeller.at, Di–Sa 17–24 Uhr

Einkaufen

Gürtelmacher Schliesselberger Die Tradition dieses kleinen Geschäfts reicht bis 1820 zurück. Die Schliesselbergers waren schon immer Spezialisten für Lederverarbeitung. Seit drei Jahrzehnten haben sie sich auf die Fabrikation von handgefertigten und auch maßgeschneiderten Gürteln fokussiert. ■ Dreifaltigkeitsgasse 4, Tel. 06 62/88 22 80, www.guertelmacher.at, Mo–Fr 9–18, Sa bis 13 Uhr

27 Mozart-Wohnhaus

Annährung an das Leben eines Jahrtausend-Genies

■ Bus 1, 3, 4, 5, 6, 14, 21, 22, 23, 25 Makartplatz
■ Makartpl. 8, www.mozarteum.at, tgl. 9–17.30, 12 €, erm. 3,50–4 €, unter 6 J. frei, Kombikarte Geburts- und Wohnhaus: 18,50 €, erm. 5–6 €

Das heiter-italienisch anmutende Haus ist eine Rekonstruktion nach alten Plänen. Das Originalgebäude wurde 1944 durch eine Fliegerbombe schwer be-

Im Blickpunkt

Wolfgang Amadeus Mozart

Joannes Chrysostomus Wolfgangus Theophilus Mozart hieß der Knabe mit vollständigem Taufnamen, der am 27. Jan. 1756 in Salzburg in der Getreidegasse 9 das Licht der Welt erblickte. Seine Musikalität war ihm quasi in die Wiege gelegt, denn sein Vater Leopold brachte es am Salzburger Hof bis zum Vizekapellmeister. Wolfgang Amadé Mozart, wie er sich nannte, entpuppte sich als Wunderkind. Bereits im Alter von fünf Jahren komponierte er seine ersten Stücke, und auch seine herausragende Begabung im Klavier- und Geigenspiel sorgte bald für Furore.
1762 unternahm Wolfgang zusammen mit seinen Eltern und Schwester Nannerl die erste Konzertreise. 16 weitere folgten. Insgesamt war das Jahrtausendgenie 3720 Tage seines Lebens auf Reisen. Trotzdem brachte er es auf insgesamt 626 Kompositionen, die zum allergrößten Teil auch heute noch extrem populär sind. Mozarts Liebe zu seiner Heimatstadt war jedoch schwer getrübt. Nach zweimaliger Entlassung als Konzertmeister und später als Hoforganist, damals sogar mit einem Fußtritt von Graf Arco, war eines seiner mildesten Zitate: »Salzburg ist kein Ort für mein Talent.«
Mozart, der heute als alles überragende Werbeikone und Identifikationsfigur Salzburgs berühmt ist, starb am 5. Dez. 1791 im Alter von nur 35 Jahren in Wien.

Ab 1773 lebte Familie Mozart am Makartplatz, heute befindet sich hier ein Museum

schädigt und später abgerissen. In das sogenannte »Tanzmeisterhaus« zog Familie Mozart 1773, weil der bisherige Wohnsitz in der Getreidegasse für gesellschaftliche Anlässe zu klein geworden war. Der Hausname geht zurück auf Franz Gottlieb Spöckner, dem Trauzeugen von Mozarts Eltern. 1711 bekam er die Erlaubnis, in dem Haus Adeligen Tanzstunden zu geben. Wolfgang Amadeus lebte dort bis zu seinem Umzug 1781 nach Wien.
Heute ist in dem Haus ein stark frequentiertes Museum beheimatet. Zu sehen sind das Hammerklavier und eine Geige Mozarts, ein Familienporträt sowie Originaldokumente. Dazu bringt eine Multivisions-Show den Besuchern Mozarts Leben näher. Nur im Rahmen von Spezialführungen zugänglich ist der Autographen-Tresor im Keller des Hauses mit 300 Originalbriefen Mozarts und 100 Notenhandschriften.

28 Marionetten-theater

5 *Hier sind die Sänger und Tänzer aus hartem Holz geschnitzt*

■ Bus 1, 3, 4, 5, 6, 14, 21, 22, 23, 25 Makartplatz
■ Schwarzstr. 22, Tel. 06 62/87 24 06, www.marionetten.at, für kleinere Kinder gibt es einstündige Kurzvorstellungen am Nachmittag

Das größte Kompliment machte die UNESCO dem Salzburger Marionettentheater: Seit 2016 zählt es zum immateriellen Kulturerbe Österreichs. Das Programm kann sich durchaus mit dem der großen Opernhäuser messen. Es reicht beispielsweise von der Operette »Die Fledermaus« von Johann Strauss über »Die Zauberflöte« von Mozart und dem Ballett »Der Nusskna-

cker« bis hin zum Musical-Hit »The Sound of Music«. Daneben gibt es auch Kinderstücke wie »Der kleine Prinz«, »Peter und der Wolf«, »Hänsel und Gretel« oder »Rotkäppchen«.
Eigentlich müsste sich das Theater »Marionettenoper« nennen, denn die Werke haben die Qualität von richtigen Opern- oder Ballettaufführungen. Ein Bühnenbildner entwirft das Bühnenbild, ein Regisseur entwickelt die Inszenierung und ein Choreograph erarbeitet die Tanzszenen. 500 Marionetten umfasst das hölzerne Ensemble. Nur die Musik kommt nicht live aus dem Orchestergraben, sondern es sind Aufnahmen von hochrangigen Musikern. Mit diesem Anspruch richtet sich das Theater bei den Musiktheateraufführungen vorwiegend an erwachsene Zuschauer.
Über 150 Vorstellungen gibt es pro Jahr. Und das schon seit langer Zeit. Die Geschichte reicht über 100 Jahre zurück. 1913 verwirklichte der Bildhauer Anton Aicher seinen Traum und setzte das Mozart-Singspiel »Bastien und Bastienne« mit Marionetten um. Der Erfolg war überwältigend, er eroberte die Herzen der Salzburger im Sturm. 1971 zog das Marionettentheater schließlich in ein stattliches Haus im prunkvollen Barockstil mit 350 Sitzplätzen um, das ehemalige Hotel Mirabell. Seitdem ist es wirklich ein kleines Opernhaus.

29 Salzburger Landestheater

Ein Theater, das die Salzburger ganz besonders lieben

■ Bus 1, 3, 4, 5, 6, 14, 21, 22, 23, 25 Makartplatz
■ Schwarzstr. 22, Tel. 06 62/871 51 22 22, www.salzburger-landestheater.at

Der Widerstand war groß, als Fürsterzbischof Hieronymus Colloredo 1775 das »Ballhaus« abreißen ließ. Dort wurde »Jeu de Paume« gespielt, eine Ball-

Das Salzburger Marionettentheater präsentiert Stücke für Erwachsene und Kinder

spiel-Variante von Tennis, die damals besonders an den Fürstenhöfen und Universitäten sehr beliebt war. Stattdessen ließ der Fürsterzbischof an der Stelle, die damals noch direkt am Ufer der Salzach lag, ein Hoftheater erbauen. Wegen Sicherheitsmängeln wurde dieser Bau 1892 durch ein Theater im neubarocken Stil ersetzt, das heutige Salzburger Landestheater.

Das Theater hat ein eigenes Schauspiel-, Opern- und Tanzensemble. Bei den Salzburgern ist es auch wegen seines abwechslungsreichen Spielplans mit beachtlichen 400 Aufführungen im Jahr sehr beliebt. Im Rahmen der Festspiele werden hier außerdem ein bis zwei Schauspielproduktionen gezeigt. Seit 2001 weist eine Gedenktafel außen am Landestheater darauf hin, dass hier fünf Dramen von Thomas Bernhard (1931–89) uraufgeführt worden sind. Der Schriftsteller war der Stadt, in der er 20 Jahre lebte, in treuer Hassliebe verbunden. In seiner Autobiografie »Die Ursache« bezeichnete er 1975 Salzburg als »Todeskrankheit«.

30 Mozarteum

Eine der berühmtesten und besten Universitäten der Welt

■ Bus 1, 3, 4, 5, 6, 14, 21, 22, 23, 25 Makartplatz

■ Mirabellpl. 1, Tel. 06 62/619 80, www.uni-mozarteum.at

90 Schüler hatte das Mozarteum im ersten Jahr nach der Gründung, heute sind es 1800. Die Universität für Musik, Theater und Bildende Kunst besitzt in der ganzen Welt einen exzellenten Ruf. 40 künstlerische und pädagogische Studienrichtungen aus den Bereichen Musik, Darstellende Kunst und Bilden-

Das Mozarteum grenzt direkt an den Mirabellgarten. Vier Figuren, die die Elemente Feuer, Wasser, Erde und Luft symbolisieren, umgeben dort den Vier-Elemente-Brunnen

de Kunst werden angeboten. Namhafte Absolventen wie Herbert von Karajan, Udo Jürgens, Angelika Kirchschlager, Martin Grubinger, Alice Sara Ott, Miroslav Nemec und Heino Ferch sprechen für die hervorragende Qualität der Ausbildung.

Dass der Geist Mozarts noch über allem schwebt, macht das Studieren hier besonders attraktiv. Zu seinen Ehren wurde an seinem 50. Todestag im Jahr 1841 der »Salzburger Dom-Musikverein und Mozarteum« gegründet. Ursprünglich als Musikschule, um Nachwuchs für den musikalischen Dienst im Dom auszubilden. 1914 konnte die Musikschule von der alten Universität an der Hofstallgasse ins eigene »Mozarthaus« am Mirabellplatz umziehen, ein ehemaliger Palast. Dort waren zwei Konzertsäle eingerichtet worden: der »große Saal« mit Orgel und ein etwas kleinerer »Wiener Saal«. Ab 2002 wurde das Gebäude um das Neue Mozarteum ergänzt, ein moderner Bau mit Glasfoyers. Für Salzburg-Besucher ist das Mozarteum interessant, weil dort zahlreiche Konzerte, Präsentationen von Neueinspielungen und auch Vorträge stattfinden, zudem die Matineen der Salzburger Festspiele.

Konzerte

Regelmäßig geben Studenten des Mozarteums Klassenabende und Absolventenkonzerte. Für die jungen Musiker ist es eine wertvolle Erfahrung, vor Publikum zu spielen, für die Zuhörer die Chance, so manchen kommenden Klassikstar bereits in seinen Anfängen zu hören. Die Konzerte finden am Nachmittag oder Abend statt, der Eintritt ist i.d.R. kostenlos. ■ www.moz.ac.at/veranstaltungen

ADAC Mittendrin

Walk of Modern Art

Von 2002–11 wurde von der Salzburg Foundation jedes Jahr ein international renommierter Künstler – zum zehnjährigen Jubiläum waren es sogar drei – nach Salzburg eingeladen, um ein Kunstwerk im öffentlichen Raum zu realisieren. Das Einzigartige daran: Die insgesamt zwölf Künstler durften den Standort und die Art ihrer Arbeiten frei wählen. Die Werke sind durch einen Kunstspaziergang miteinander verbunden und machen Salzburg zur urbanen Galerie von Weltrang. Die Liste der beteiligten Künstler reicht von Anselm Kiefer und Mario Merz über Marina Abramović und Markus Lüpertz bis hin zu Stephan Balkenhol und James Turrell (S. 56).

Führungen von Frühjahr bis Herbst einmal im Monat, Treffpunkt 15 Uhr im Innenhof der Universität Mozarteum, Teilnahme kostenfrei, aber Anmeldung erforderlich, Dauer ca. 1,5 Std., Tel. 050/82 42-0, artroom.wuerth.at

31 Schloss Mirabell

Ein Schloss mit einer romantischen Geschichte

Ein prachtvoller Barockgarten mit zwei Brunnen umgibt Schloss Mirabell

Information

- Bus 1, 2, 3, 4, 5, 6, 14, 21, 22, 25, 151 Mirabellplatz
- Mirabellplatz, Sitz der Stadtverwaltung, Gebäude nur beschränkt zu besichtigen
- Parken: siehe S. 82

6 *Liebesschloss mit wunderschönem Garten*

Verglichen mit dem 17. Jh. leben wir heute in prüden Zeiten. Denn seine Existenz verdankt Schloss Mirabell der Liaison von Fürsterzbischof Wolf Dietrich von Raitenau mit der Bürgerstochter Salome Alt. Die nicht übermäßig heimliche Geliebte schenkte ihm 15 Kinder, er baute ihr 1606 ein eigenes Liebesschloss, das ihr zu Ehren Schloss Altenau genannt wurde. Aufgrund seiner Machtfülle als geistlicher und gleichzeitig weltlicher Herrscher Salzburgs konnte sich der Fürsterzbischof diesen moralisch gewagten Lebenswandel leisten – zumindest einige Jahre lang. Denn 1612 wurde er gestürzt und von seinem Nachfolger und Vetter Markus Sittikus zuerst in der Festung Hohenwerfen, dann in der Fürstenstube der Festung Hohensalzburg in Einzelhaft bis an sein Lebensende 1617 eingesperrt. Markus Sittikus ließ Salome Alt und die Kinderschar aus dem

Plan S. 81

Schloss vertreiben. Um die Erinnerung an dieses Kapitel der Geschichte gänzlich zu tilgen, verfügte der neue Fürsterzbischof, das Schloss in »Mirabell« umzubenennen. Es handelt sich dabei um einen weiblichen, italienischen Vornamen, der sich aus den Wörtern »mirabile« (bewundernswert) und »bella« (schön) zusammensetzt. Dieses im Namen enthaltene Kompliment konnte Erzbischof Franz Anton Harrach jedoch nicht davon abhalten, das Schloss im frühen 18. Jh. durch den berühmten barocken Baumeister Lukas von Hildebrandt im Barockstil umbauen zu lassen. Nachdem der verheerende Stadtbrand von 1818 auch große Teile des Schlosses verwüstet hatte, wurde es nachfolgend im klassizistischen Stil wieder aufgebaut, wodurch der Bau viel von seiner einstigen barocken Opulenz verlor. Schloss Mirabell, das heute weitgehend von der Salzburger Stadtverwaltung genutzt wird, gehört besonders auch durch seinen zauberhaften Garten zu den meistbesuchten Orten der Stadt Salzburg.

Sehenswert

a Marmorsaal

| Prunksaal |

Er gilt als einer der schönsten Trauungssäle der Welt. Der namensgebende Marmorboden wurde im 19. Jh. von Schloss Farmach in Saalfelden hierher gebracht. Seit 1954 finden im Marmorsaal, in dem schon Wolfgang Amadeus Mozart (S. 73) auftrat, die inzwischen berühmt gewordenen Salzburger Schlosskonzerte mit über 230 Aufführungen im Jahr und namhaften Interpreten statt. Die Raphael-Donner- oder Marmorstiege führt als Prunkstiege zum Marmorsaal und weiter in den zweiten Stock. Sie wurde vom Bildhauer Georg Raphael Donner zu Beginn des 18. Jh. geschaffen. Wegen der mit verschiedenen Putten geschmückten Balustrade der Stiege wird sie auch »Engelstreppe« genannt.

■ Schlosskonzerte: Tel. 06 62/90 47 00, www.schlosskonzerte-salzburg.at; Engelsstiege: tgl. 8–18 Uhr, Eintritt frei; Marmorsaal: Mo, Mi, Do 8–16, Di, Fr 13–16 Uhr, bei Sonderveranstaltungen kein Zutritt, Eintritt frei; Zugang über Mirabellgarten, Rosenhügel oder Rainerstraße

Gefällt Ihnen das?

Wenn Sie ein weiteres fürsterzbischöfliches Lustschloss in Salzburg sehen möchten, sollten Sie **Schloss Hellbrunn** (S. 94) mit seinen berühmten Wasserspielen oder **Schloss Leopoldskron** (S. 91) besuchen.

b Rosengarten

| Garten |

Der Rosengarten unmittelbar südlich des Schlosses wurde in der Barockzeit als »Großer Pomeranzengarten« angelegt. In den entbehrungsreichen Jahren nach dem Zweiten Weltkrieg wurde dort Gemüse angebaut. Im Jahr 1955 wurden die Zierrosenbeete orginalgetreu nach dem historischen Vorbild rekonstruiert. Die 17 Marmorvasen für Citrusbäumchen, von denen der Rosengarten begrenzt wird, wurden nach Entwürfen des berühmten Barockarchitekten Fischer von Erlach geschaffen.

c Pegasusbrunnen

| Brunnen |

Die Bronzeplastik des geflügelten Pferds »Pegasus« ist der imposante Mittelpunkt eines Brunnenbeckens im kleinen Gartenparterre. Das 1661 entstandene Werk des Innsbrucker Kunstgießers Kaspar Gras war ursprünglich Teil der Kapitelschwemme am Kapitelplatz, später stand es am Mirabellplatz. 1913 erfolgte schließlich der Umzug in den Mirabellgarten, wo er ein beliebtes Fotomotiv für Hochzeitspaare ist.

d Mirabellgarten

| Schlossgarten |

Der Garten umgibt Schloss Mirabell an der Süd- und Westseite. Glücklicherweise blieb er beim Brand von 1818 weitgehend verschont. Die für das Barock typische geometrische Grundform ist immer noch zu erkennen. Seiner optischen Ausrichtung auf den Dom und die Festung verdankt Salzburg eines der schönsten Fotomotive. Man kann im Mirabellgarten erspüren, was

Der Rosengarten, ehemals Große Orangerie, ist eine wahre Augenweide

das Wort »lustwandeln« im ursprünglichen Sinne bedeutet.

■ Tgl. 6 Uhr–Einbruch der Dunkelheit, Eintritt frei

e Vier-Elemente-Brunnen

| Brunnen |

»Große Fontäne« wird dieser Springbrunnen auch genannt. Um sein flaches, achteckiges Brunnenbecken sind vier Figurenpaare positioniert. Sie symbolisieren, der griechischen Mythologie folgend, die vier Elemente Feuer, Luft, Erde und Wasser. Geschaffen hat die Raptusgruppe im Jahr 1690 der aus Padua stammende Bildhauer Ottavio Mosto.

f Heckentheater

| Naturbühne |

Etwas erhöht auf der ehemaligen Stadtmauer wurde 1715 eine romantische Freiluftbühne angelegt, die von einem kleinen Hecken-Labyrinth umgeben ist. Es ist das älteste Heckentheater im deutschsprachigen Raum. Im Sommer finden hier Konzerte und Brauchtumsveranstaltungen statt. Besuchern ist es übrigens gestattet, dort in vertretbarer Lautstärke zu singen, Gedichte zu rezitieren oder Sketche aufzuführen.

g Zwergerlgarten

| Skulpturengarten |

Kleinwüchsige und missgestaltete Menschen waren in der Barockzeit häufig Teil des Hofstaats. Sie galten als besonders loyal und waren hoch geachtet. Als Hommage an sie wurde bei der barocken Umgestaltung des Mirabellgartens Ende des 17. Jh. ein Zwergerlgarten mit 28 Figuren aus Untersberger Marmor angelegt. In der

Zeit der Aufklärung gerieten die Zwerge aber immer mehr in Verruf, so wurden sie 1811 versteigert und der Zwergerlgarten in einen englischen Landschaftsgarten umgestaltet.
Seit 1919 gibt es den Entschluss, den kulturhistorisch wertvollen Zwergerlgarten wiederherzustellen, was aber bis heute noch nicht gelungen ist. 15 Zwerge, die in Bayern und Österreich wiederentdeckt werden konnten, stehen derzeit im Bastionsgarten, der an den ursprünglichen Zwergerlgarten angrenzt.

h Galerie Thaddaeus Ropac

| Galerie |

Die 1983 gegründete Galerie, seit 1989 in der klassizistischen Villa Kast beheimatet, ist auf zeitgenössische Kunst spezialisiert und gehört mit Künstlern wie Georg Baselitz, Daniel Richter und Stephan Balkenhol zu den führenden Adressen in Europa. Der charismatische Galerist prägt auch als Mäzen die Kulturszene Salzburgs. Die Ausstellungen in seiner Galerie toppen so manche Museumkunst.

■ Mirabellpl. 2, Tel. 06 62/881 39 30, www.ropac.net

ADAC Mobil

Die **Buslinie 151**, auch »Gaisberg Bus« genannt, fährt im Sommer vom Mirabellplatz aus bis zu sieben Mal täglich direkt zur Gaisbergspitze. Die reguläre Fahrzeit auf den 1286 m hohen Salzburger Hausberg beträgt rund 30 Min., 800 Höhenmeter muss der Bus dabei überwinden. Auf dem Gipfel des Gaisbergs gibt es vielfältige Wandermöglichkeiten und einen traumhaften Blick auf die Stadt Salzburg.

www.stadt-salzburg.at/gaisberg, Einzelfahrt (Kauf beim Fahrer): 4,10 €

Parken

Tiefgarage Mirabell-Congress-Garage

■ Mirabellpl. 4, 500 Plätze, 3 €/Std., ab der 4. Std. 4 €/Std., Tagestarif 30 €

Kinder

14 Was auf dem **Zauberflötenspielplatz** geboten wird? Jede Menge Spielgeräte, die auf Schauplätze und Ereignisse aus Mozarts Oper »Die Zauberflöte« hinweisen. Vom Vogelkarussell bis hin zum klingenden Tanzglockenspiel können Kinder hier auf 1500 m² die Welt Mozarts spielerisch kennenlernen. Buchstäblicher Höhepunkt ist die 9 m hohe Rutsche. Und es gibt saubere öffentliche Toiletten und kostenloses Trinkwasser.

32 Andräviertel

Ein quirliges und weltoffenes Viertel mit reichlich Charme

■ Bus 1, 2, 3, 4, 5, 6, 14, 21, 22, 25, 151 Mirabellplatz

Das »Paris von Salzburg« wird das Andräviertel auch mitunter genannt. Ein Kompliment, das nur zum Teil zutrifft. Zwar gibt es hier auch stattliche Bürgerhäuser wie die Faberhäuser in der Rainerstraße, dazu Boulevards, Läden, Cafés, Restaurants und charmante Ecken. Aber gleichzeitig geht es doch viel ruhiger und gemütlicher zu als in der französischen Hauptstadt. Die allgegenwärtige Gelassenheit dominiert auch diesen Teil der Stadt. Und gerade die Mischung aus Salzburger Schmäh und Weltoffenheit macht das Andräviertel so reizvoll. Räumlich gesehen, liegt es bereits in der Neustadt, die nahtlos an die rechte Altstadt anschließt.

Seinen Namen verdankt das quirlige Viertel der Andräkirche, die 1898 geweiht wurde. Errichtet wurde das gesamte Viertel ab Mitte des 19. Jh., nachdem die massiven Bastionen der Stadt, wie das Festungswerk zwischen Schloss Mirabell und dem Linzertor, demontiert worden waren und so Platz für den Bau von Häusern entstand. Die Salzburger zieht es v. a. zur »Schronna« (Schranne) hierher, ein Wochenmarkt mit überwältigendem Angebot. Das Andräviertel ist auch das Start-up-Terrain der Stadt mit Laden-Büros und Concept Stores. Fazit: Ein noch weniger bekannter Teil Salzburgs, der eine Entdeckung wert ist.

Parken

Tiefgarage Auersperg ■ Auerspergstr. 4, 0–24 Uhr, 2,70 €/Std., Tagestarif 24,30 €

Restaurants

€ | Die Weisse Uriges, großes Wirtshaus mit mehreren Gasträumen und schattigem Biergarten. Wer gerne Weißbier trinkt, für den ist Österreichs älteste Weißbierbrauerei ein Pflichtbesuch. Seit 1901 wird hier nach Originalrezepten Weißbier gebraut. Das große Speisenangebot reicht vom Jausenbrett bis zum deftigen Gulasch ■ Rupertgasse 10, Tel. 0662/872246, www.dieweisse.at, Mo–Sa 10–24 Uhr

€ | GustaV Ein kleines, veganes Bistro, das durch Crowdfunding realisiert wurde. Sehr ungezwungene Atmosphäre, besonders beliebt ist das Frühstück. Auch Nicht-Veganer kommen gerne

Donnerstagvormittags findet rund um die Andräkirche der Schrannenmarkt statt

mal hierher. Es gibt einige Plätze im Freien. ■ Wolf-Dietrich-Str. 33, Tel. 0688/98336 06, www.gusta-v.at, Do, Fr 11–20, Sa 10–18 Uhr

€ | **Lazarte** Peruanische Spezialitäten wie Ceviche, Empanadas oder Lomo saltado in gemütlichem Lokal mit Backstein-Flair. Sehr netter Chef. Im Sommer auch Tische draußen. ■ Wolf-Dietrich-Str. 6, mobil 0660 8351123, www.lazarte.at, Di–So 15–22 Uhr

€ | **Pasta e Vino** Der Name ist Programm: In dem kleinen Lokal stehen immer drei verschiedene Nudelgerichte zur Auswahl. Leckere Antipasti sowie exzellente Weine gibt es auch. Unbedingt rechtzeitig reservieren! ■ Wolf-Dietrich-Str. 31, Tel. 0662/873487, www.pastaevinosalzburg.at, Mo–Fr 11.30–21, Sa, So 12–20.30 Uhr

€€ | **Istra Konoba** Das sehr gepflegte istrische Restaurant ist bekannt für die Fischspezialitäten und eine feine Auswahl an Weinen, ebenfalls aus Istrien. ■ Wolf-Dietrich-Str. 27, Tel. 0662/879794, www.konoba-istra.com, Mo–Fr 11.30–14.30, 17.30–23.30, So 17.30–23.30 Uhr

Cafés

Cafe Fingerlos Bekannt ist dieses klassisch gehaltene Kaffeehaus für die unwiderstehlichen Torten, die aus der hauseigenen Konditorei stammen. ■ Franz-Josef-Str. 9, Tel. 0662/874213, www.cafe-fingerlos.at, Di–So 7.30–19 Uhr, im Aug. auch Mo

Wernbacher by Didi Maier Ein Kult-Kaffeehaus mit Originaleinrichtung aus den 1950er-Jahren. Neben der Patisserie gibt es auch Mittagsmenüs und klassische Kaffeehausgerichte. ■ Franz-Josef-Str. 5, Tel. 0662/265657, www.didimaier.at, Di, Do–Sa 8–22, So bis 14 Uhr

Einkaufen

Schrannenmarkt Seit 1906 findet dieser beliebte und belebte Wochenmarkt rund um die Andräkirche statt. Die 190 Stände bieten Obst, Gemüse, Fleisch, Wurst, Fisch, Wein, Blumen, Pflanzen, Handwerk und vieles mehr. ■ Andräkirche/Mirabellplatz, Do 5–13 Uhr (Mi, wenn Do Feiertag ist)

Ob tagsüber oder am Abend, die Imlauer Sky Bar glänzt mit ihrer großartigen Lage

Am Abend

Die rechte Altstadt, in der auch viele Studenten leben, hat ein lebhaftes, buntes und abwechslungsreiches Nachtleben. Es gibt jede Menge Kneipen, Bars und Clubs. Von der schicken Cocktailbar bis zum urigen Beisl ist hier alles zu finden. Und in einigen Restaurants geht das Dinner gleich in den Partyabend über. Auch die alternative Theaterszene sowie die Jazzszene der Stadt fühlen sich hier wohl.

Bühne

Kleines Theater Eine Kleinkunstbühne, die im Jahr 1984 als Spielstätte der freien, professionellen Theaterszene Salzburgs gegründet wurde. Der gewölbeartige Urban-Keller fasst 150 Zuschauer, das Programm ist bunt. ■ Schallmooser Hauptstr. 50, Tel. 06 62/ 87 21 54, www.kleinestheater.at

Toihaus Theater Experimentelles Theater auf hohem Niveau und weitab vom Mainstream. Die internationale Companie kreiert Eigenproduktionen, bei denen sich Tanz, Musik und Sprache zum Gesamtkunstwerk formen. ■ Franz-Josef-Str. 4, Tel. 06 62/87 44 39, www.toihaus.at

Kneipen, Bars und Clubs

Academy Bar Ein beliebter und sehr entspannter Treffpunkt der Kreativen des Andräviertels. In der Café-Bar finden auch Konzerte und Lesungen statt. ■ Franz-Josef-Str. 4, Tel. 06 62/ 87 57 97, Mo–Sa 16–2 Uhr

Alchimiste Belge 150 verschiedene Biere, vorrangig aus Belgien, gibt es in diesem meist sehr gutbesuchten und gemütlichen Pub. Der Service ist kompetent und aufmerksam. ■ Bergstr. 10, mobil 06 64 451 20 58, www.alchimiste-belge.at, tgl. 17–1 Uhr

Havana Cocktail Bar Die klassisch gehaltene American Bar hat 200 Drinks im Angebot. Und die Lautstärke der Musik ist so angenehm, dass man sich gut unterhalten kann. Mit Gastgarten. ■ Priesterhausgasse 14, Tel. 06 62/ 87 00 92, www.havana.at, Mo–Sa 17–2 Uhr

Imlauer Sky Bar Eine stylishe Rooftopbar im 6. Stock des Vier-Sterne-Superior-Hotels Pitter, angeschlossen an das Restaurant mit Gault-Millau-Haube. Einer der schönsten Plätze Salzburgs für einen Sundowner mit 1a-Blick auf die Altstadt und die Festung. ■ Rainerstr. 6, Tel. 06 62/88 97 86 66, www.imlauer.com, tgl. 9–1 Uhr

Jazzit:Musik:Club Der 2002 eröffnete Jazzclub in der Elisabeth-Vorstadt, knapp über der Grenze der rechten Altstadt, dehnt das Genre bis hinein in die elektronische Musik. Zu ihm gehört die lässige Jazzit:Bar, in der man bei groovigem Sound loungen kann. ■ Elisabethstr. 11, Tel. 06 62/88 32 64, www.jazzit.at; Jazzit:Bar Di–Sa ab 18 Uhr

Pepe Cocktailbar Wer von Salzburgs barocker Kulisse aus einen Kurzausflug nach Südamerika machen möchte, ist hier genau richtig. Zu Latino-Beats werden exquisite Cocktails serviert. Tanzen ist nicht nur erlaubt, sondern erwünscht.. ■ Steingasse 3, Tel. 0662/87 36 62, www.pepecocktailbar.me, Mi–Sa 19–4 Uhr

Das moderne Hotel & Villa Auersperg wird seit drei Generationen familiengeführt

Übernachten

In der rechten Altstadt gibt es einige kleinere und individuelle Hotels mit persönlicher Betreuung und Charme. Zum Teil sind sie etwas preisgünstiger als auf der gegenüber liegenden Salzachseite. Gerade auch im mittleren Preisbereich finden sich hier sehr empfehlenswerte Häuser. Mit dem luxuriösen Hôtel Bristol sowie dem berühmten Hotel Sacher direkt an der Salzach kann das Viertel auch zwei traditionsreiche Grandhotels aufweisen. Das Gute: Die Sehenswürdigkeiten, auch in der historischen Altstadt auf der anderen Salzachseite, sind von diesen Hotels aus alle in nur wenigen Minuten zu Fuß zu erreichen.

€

Eco-Suite Hotel Das 2016 erbaute Hotel überzeugt durch ein hervorragendes Preis-Leistungs-Verhältnis. Die modern ausgestatteten 44 Zimmer sind von angenehmer Größe, es gibt 120 kostenlose Parkplätze direkt vor dem Haus, darunter einige mit E-Ladestation. Das Hotel ist das erste Österreichs, in dem ein Abwasser-Rückgewinnungssystem zum Einsatz kommt, das den gesamten thermischen Eigenbedarf des Drei-Sterne-Hauses deckt. ■ Adolf-Kolping-Str. 12, Tel. 06 62/466 15 12, www.ecosuitehotel.at

Hotel Hohenstauffen Zugegeben, von außen wirkt das Hotel nahe dem Bahnhof nicht luxuriös. Innen entpuppt es sich als sehr gepflegtes Drei-Sterne-Haus mit einfacher, aber charmanter Ausstattung und hilfsbereiten Besitzern. ■ Elisabethstr. 19/ Stauffenstr. 18, Tel. 06 62/87 21 93, www.hotel-hohenstauffen.at

€€

Gästehaus im Priesterseminar Die Zimmer in dem barocken Gebäude neben der Dreifaltigkeitskirche sind großzügig, der Purismus der Einrichtung ist Stilelement und unterstreicht den Geist des Hauses auf stimmige Weise. Ein ungewöhnlicher, aber auch unvergesslicher Ort für eine Übernachtung, direkt im Herzen der rechten Altstadt. ■ Dreifaltigkeitsgasse 14, Tel. 06 62/87 74 95 10, www.gaestehaus-priesterseminar-salzburg.at

Hotel Amadeus Das komfortable Vier-Sterne-Hotel befindet sich in einem denkmalgeschützten Haus in der Linzer Gasse. Dennoch liegt es angenehm ruhig, was auch der Tatsache geschuldet ist, dass es direkt an den idyllischen Sebastiansfriedhof grenzt. Zum Service vom Feinsten kommt ein besonderes Highlight hinzu: die romantische Sonnenterrasse. ■ Linzer Gasse 43, Tel. 06 62/87 14 01, www.hotelamadeus.at

15 **Hotel & Villa Auersperg** Ein privat geführtes Boutiquehotel im Andräviertel, das bis ins Detail liebevoll und stylish gestaltet ist. Weitere Pluspunkte: Bio-Frühstück, ein kleines City Spa auf dem Dach und ein ruhiger Garten. ■ Auerspergstr. 61, Tel. 06 62/88 94 40, www.auersperg.at

Imlauer Hotel Pitter Ein sehr komfortables, gepflegtes Vier-Sterne-Superior-Hotel mit hoteleigener Tiefgarage und großem Sauna- und Fitnessbereich. Ein Highlight ist auch die Sky Bar (S. 85) im Dachgeschoss mit angeschlossenem Restaurant. Der Schlosspark Mirabell ist zu Fuß in fünf Minuten zu erreichen. ■ Rainerstr. 6, Tel. 06 62/88 97 80, www.imlauer.com

€€€

Hôtel Bristol »Elektrizitätshotel« wurde das Haus bei der Eröffnung 1892 genannt, weil es das erste Hotel Salzburgs mit elektrischem Strom war. Dem Gast höchsten Komfort zu bieten, das ist auch heute noch das Anliegen dieses Fünf-Sterne-Privathotels. Die Lage direkt am Mirabellgarten ist nicht zu toppen. ■ Makartpl. 4, Tel. 06 62/873 55 70, www.bristol-salzburg.at

ADAC Das besondere Hotel

Das Salzburger Haus der traditionsreichen Familie **Sacher** liegt direkt an der Salzach mit Traumblick auf die linke Altstadt. Berühmt ist das 1866 eröffnete Hotel-Café, in dem es natürlich auch die 1832 vom 16-jährigen Lehrling Franz Sacher kreierte Sachertorte gibt. Das Café hat eine der schönsten Sonnenterrassen der Stadt.

€€€ | Schwarzstr. 5–7, Tel. 06 62/88 97 70, www.sacher.com, DZ ab ca. 300 €

Südliches Salzburg

Mit dem Gaisberg und dem Untersberg ist Salzburg-Süd ein Eldorado für Wanderer, aber auch Schloss Hellbrunn ist einen Besuch wert

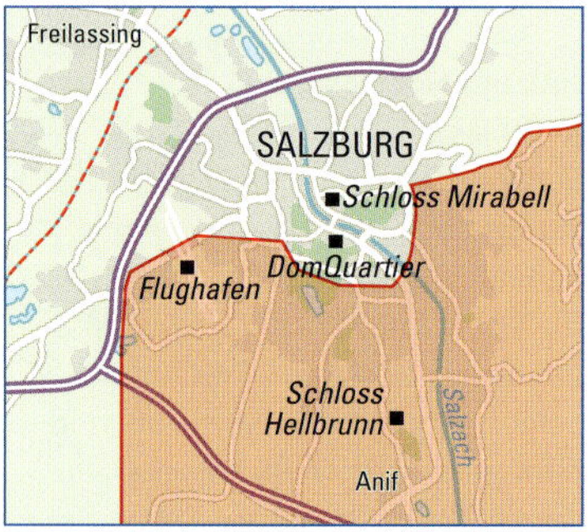

Während die südwestliche Hauptausfallstraße Richtung Himmelreich und Autobahn nach Deutschland von einem Industriegürtel mit Autohäusern, Outlets und dem Flughafen gesäumt ist, öffnet sich die Stadt Richtung Süden hin malerisch zum Salzburger Becken und dem 12 km² großen Landschaftsschutzgebiet Salzburg-Süd. Eingebettet darin ist Schloss Hellbrunn mit weitläufigen Gärten, idyllischen Alleen und dem großen Zoo. Das beliebte Naherholungsgebiet mit seiner Moränenlandschaft reicht bis hin zur Glasenbachklamm. Diese führt zum Fuße des Gaisbergs, einem der Hausberge. Der markante Untersberg, ein weiterer Salzburger Hausberg, begrenzt das Becken Richtung Berchtesgaden und Watzmann.

Die Region ist wegen ihrer schönen Aussicht und der Weite des Tals eine begehrte Wohnlage, besonders das 4000-Einwohner-Städtchen Anif. Die herausragenden Sehenswürdigkeiten des Salzburger Südens und all die attraktiven Orte für Freizeitaktivitäten sind auch durch den öffentlichen Nahverkehr gut erschlossen. Ideal ist die nur sanft modellierte Region aber für Fahrradtouren, von Salzburgs Innenstadt bis nach Anif ist man nur eine knappe halbe Stunde unterwegs.

In diesem Kapitel:

ADAC Top Tipps:

7 Wasserspiele Schloss Hellbrunn
| Wasserautomaten |
Seit mehr als 400 Jahren faszinieren und überraschen die Wasserspiele die Besucher. Eine Attraktion für die ganze Familie. 95

8 Untersberg
| Aussichtspunkt |
Mit der Untersbergbahn ist man in knapp 10 Min. auf dem Hausberg der Salzburger. Von der Bergstation aus reicht der Ausblick bis zu den Seen im Salzkammergut. 104

ADAC Empfehlungen:

16 **Minigolf Leopoldskron**
| Minigolf |
Eine Minigolfanlage, die der ganzen Familie Spaß bringt. 93

17 **Zoo Salzburg**
| Tierpark |
1200 Tiere und 140 Arten in einem 14 ha großen Park. 97

18 **Waldbad Anif**
| Naturbad |
Badesee mit glasklarem Wasser in Trinkwasserqualität. 99

19 **Alpengasthof Fageralm**
| Gaststätte |
Nach der Wanderung durch die Glasenbachklamm lockt dieser Gasthof mit herzhafter Hausmannskost. ... 100

20 **Gasthof Schloss Aigen**
| Restaurant |
Fürstlich speisen im jahrhundertealten Adelsgut. 103

21 **Die Gersberg Alm**
| Hotel |
Vier-Sterne-Romantikhotel auf halber Höhe des Gaisbergs mit vorzüglichem Restaurant und Außenpool. 107

Besser als am Salzburger Flughafen könnte Hangar-7 kaum platziert sein

33 Hangar-7

Flugzeuge, Helikopter und Rennwagen zum Nulltarif

■ Bus 2 Karolingerstraße, Bus 10 Pressezentrum/Kuglhof

■ Wilhelm-Spazierstr. 7a, www.hangar-7.com, tgl. 9–22 Uhr, Eintritt frei

Allein schon die kühne, futuristische Architektur des Hangars ist absolut sehenswert und spektakulär. 1200 t Stahl und 380 t Spezialglas, verteilt auf 1754 Glastafeln, wurden für die Halle verbaut. Sie wirkt aber trotzdem so schwerelos, als könne sie selbst wie ein Raumschiff abheben. Präsentiert werden im Hangar-7 historische Flugzeuge, Helikopter, Motorräder und Formel-1-Rennwagen des Unternehmers und Milliardärs Dietrich Mateschitz. Die Fluggeräte sind nicht nur Museumsstücke, sondern alle flugbereit. Angeschlossen ist das berühmte Restaurant Ikarus, in dem wechselnde Starköche die hochfliegende Kunst der Spitzenküche zelebrieren. Zudem gibt es ein Café, zwei Bars und im Sommer eine Outdoor-Lounge.

Sehenswert

Stiegl Brauwelt

| Brauerei |

Im Jahr 1863 zog die Stieglbrauerei nach Maxglan. Sie ist die einzige Brauerei, die auch heute noch täglich ihre Biere mit der Pferdekutsche ausliefert – in die Salzburger Stadtteile Maxglan, Riedenburg und Wals-Siezenheim. Stiegl Goldbräu ist nicht nur das beliebteste Bier der Salzburger, sondern auch das meist getrunkene in ganz Österreich. Gebraut wird es, wie alle Stiegl-Biere, mit Untersberger Quellwasser. Auch Wolfgang Amadeus Mozart war übrigens ein großer Freund des Stiegl-Biers.

■ Bräuhausstr. 9, Tel. 050/14 92 14 92, www.stiegl.at, Führungen: tgl. 10.30, 13 (engl.), 15.30, Mai–Okt. auch 14 u. 16.30 Uhr, Dauer 1,5 Std., 18,90 € inkl. Bierverkostung

Parken

Direkt vor dem Museum Hangar-7 stehen rund 70 kostenfreie Parkplätze zur Verfügung. ■ Hangar-7, Wilhelm-Spazierstr. 7a

Restaurants

€€ | Gasthof Kuglhof Ein traditionelles, bodenständiges und beliebtes Ausflugslokal, das österreichische und saisonale Spezialitäten auftischt. Ein Traum ist der große Gastgarten unter alten Kastanienbäumen. ■ Kugelhofstr. 13, Tel. 06 62/83 26 26, www.kuglhof.at, Di–Sa 11–23 Uhr

ADAC Spartipp

Der Ortsteil, in dem das **McArthur Glen Designer Outlet Salzburg** zu finden ist, heißt Wals-Himmelreich. Und im Himmel fühlen sich auch viele Besucher in den über 100 Geschäften. Denn Kleidung, Schmuck, Uhren, Wohnaccessoires und vieles mehr von 200 Topmarken gibt es in den Einkaufspassagen bis zu 70 Prozent reduziert.

Kasernenstr. 1, Tel. 06 62/254 40, www.mcarthurglen.com, Mo–Fr 9–19, Sa 9–18 Uhr, Parkhaus und Parkplatz 2 Std. kostenfrei

ADAC Wussten Sie schon?

Die **Stieglbrauerei** im Stadtteil Maxglan ist die größte und erfolgreichste Privatbrauerei Österreichs. Zugleich ist sie, 1492 erstmals urkundlich erwähnt, die älteste im Bundesland. Der Gasthof Stiegl mit angeschlossener Brauerei stand ursprünglich in der Salzburger Gstättengasse und grenzte im Süden an die namensgebende, aber heute nicht mehr existierende Stieglgasse.

34 Leopoldskroner Weiher

Selbst der Kaiser Franz Joseph I. schlüpfte hier aus den Kleidern

■ Bus 22 Wartbergweg, Bus 23 Freibad Leopoldskron (nur während der Sommerferien)

■ Fürstenweg 41

Der 13 ha große, künstlich angelegte Teich hat eine wechselvolle Geschichte hinter sich. Sein genauer Ursprung ist nicht sicher, aber er existierte nachweislich bereits mindestens 250 Jahre, als Fürsterzbischof Leopold Anton Graf Firmian 1736 an seinem Ufer Schloss Leopoldskron errichten ließ. Lange Zeit diente er als Fischteich, bis 1818 eine k.-und-k.-Schwimmschule für den Unterricht der Soldaten errichtet wurde. 1842 folgte eine Damenschwimmschule. Selbst Kaiser Franz Joseph I. drehte hier täglich seine Schwimmrunde, als er 1867 drei Tage lang für ein Treffen mit Kaiser Napoleon III. in Salzburg weilte. Ab 1912 wurde das Seebad von der Stadt Salzburg als öffentliche Schwimmanlage gepachtet, bevor es

1944 durch eine Fliegerbombe zerstört und nie wieder aufgebaut wurde. Seit 2016 führt wieder ein einstündiger Rundweg um den Weiher, der allerdings im Bereich des Schlossparks nicht am Ufer verläuft. Denn das Hotel Schloss Leopoldskron ist in Privatbesitz. Beim Spaziergang um den Weiher sind oft Schwäne, Stockenten, Graugänse und auch die ostasiatischen Mandarinenten zu sehen. Der 640 m lange und max. 220 m breite Teich ist heute in kalten Wintern ein beliebtes Eislaufrevier.

Im Blickpunkt

Hollywood in Salzburg

»Meine Lieder, meine Träume«, so heißt der Hollywoodfilm »The Sound of Music« mit Julie Andrews in der Hauptrolle in der deutschen Version, die im Dezember 1965 hierzulande in die Kinos kam – mit überschaubarem Erfolg. In den USA dagegen zählt die Produktion über die Trapp-Familie zu den vier erfolgreichsten Hollywood-Musikfilmen aller Zeiten. Auch in Japan und Südamerika prägt der Film, den insgesamt 1,2 Mrd. Menschen gesehen haben, das Salzburg-Bild.
Es gibt bis heute Touren, bei denen die Besucher zu den einstigen Drehorten gefahren werden. Einer davon ist Schloss Leopoldskron. Die Rückseite des Gebäudes machte Hollywoodkarriere, während für die Vorderseite der Film-Villa Schloss Frohnburg in der Hellbrunner Allee die Kulisse bildete. Auch der Mirabellgarten und Schloss Hellbrunn waren Drehorte. Übrigens: Die originale Trapp-Villa, 1863 erbaut, ist erhalten, aber derzeit nicht zugänglich. Sie steht im Stadtteil Aigen in der Traunstr. 34 und wurde bis 2021 als Drei-Sterne-Hotel geführt. Die zukünftige Nutzung ist ungewiss (www.salzburgerland.com/de/willkommen-in-der-villa-trapp).

Sehenswert

Botanischer Garten
| Garten |
Der heutige Botanische Garten wurde im Zuge des Neubaus der Naturwissenschaftlichen Fakultät der Universität Salzburg in den Jahren 1984–86 auf den Wiesengründen von Freisaal im Stadtteil Nonntal neu angelegt. Der 1 ha große Botanische Garten umfasst als wesentliche Bereiche ein Alpinum, einen Bauerngarten, ein Hoch- und Flachmoor, einen Apotheker-Kräutergarten, Karnivoren und Experimentalgewächshäuser.

■ Hellbrunner Str. 34, Tel. 06 62/80 44 55 00, www.plus.ac.at, Mai–Sept. Di–So 10–18, April, Okt. Di–Fr 9–16 Uhr, Eintritt frei

Kinder

Freibad Leopoldskron Das von den Salzburgern kurz »Lepi« genannte Schwimmbad hat fünf Freibecken und ist mit 53 000 m² das größte Freibad der Stadt. Die Attraktionen sind die 72 m lange Wasserrutsche, die 14-m-Breitrutsche und der 10-m-Sprungturm. Für Kinder gibt es ein eigenes Becken, Tierfiguren und einen Spielplatz. Wertsachen sollten eingeschlossen werden.

■ Leopoldskronstr. 50, Tel. 06 62/82 92 65, www.stadt-salzburg.at, Mai–Mitte Sept. tgl. 9–19 Uhr, 5 €, 3–18 J. 3 €

Mit seinem Park ist das Gwandhaus nicht nur für Modefans einen Ausflug wert

16 **Minigolf Leopoldskron** Der Platz in Nachbarschaft zum Freibad ist eingebunden in die Natur, die Anlage ist großzügig und gepflegt. Es gibt einen kleinen Kiosk und dazu jede Menge Retro-Charme. ■ Firmianstr., mobil 0650 2773731, April 12–19, Mai–Sept. 10–20, Okt. 13–19 Uhr, 5 €, unter 16 J. 4 €

35 Gwandhaus

Ein Ort, der Tradition und Lifestyle perfekt verbindet

■ Bus 25 Kleingmein
■ Morzger Str. 31, www.gwandhaus.com, Museum und Geschäft tgl. 10–20 Uhr

Der bekannte und erfolgreiche Trachtenhersteller Gössl, der 1947 im nahen Grödig mit der Fertigung startete, ließ im Jahr 2004 den ehemaligen Lasserhof zum Firmensitz umgestalten. Das »Gwandhaus« ist gleichzeitig Showroom, Geschäft, Schneiderei und Museum. Zudem beherbergt das Anwesen das Restaurant Leopold, ein Café und eine unwiderstehlich schöne Sonnenterrasse, von der die Gäste auf den weitläufigen Park blicken. Ein fast schon magischer und angenehm ruhiger Ort. Man kann sich sogar einen Picknickkorb zusammenstellen lassen und damit unter den jahrhundertealten Bäumen seinen individuellen Lunch genießen. Kult ist inzwischen der sogenannte Lederhosen-Donnerstag, an dem man sich in Trachtenkleidung zum Chill-Out trifft.

P Parken

Direkt vor dem Gwandhaus stehen 70 kostenfreie Parkplätze zur Verfügung. ■ Morzger Str. 31

36 Schloss Hellbrunn

Hier trieb der Erzbischof Späße mit seinen Gästen

Vor knapp über 400 Jahren entstand in Hellbrunn ein wunderschönes Lustschloss

Information

- Bus 25 Schloss Hellbrunn
- Fürstenweg 37, www.hellbrunn.at, April, Okt. tgl. 9.30–17.30; Mai, Juni, Sept. 9.30–18.30, Juli, Aug. 9.30–19 Uhr; Abendführungen (nur Wasserspiele): Juli, Aug. 18–21 Uhr, 13,50 €, 4–18 J. 6 €
- Parken: siehe S. 97

Mit etwas Neid blicken wir zurück auf die Bauzeit von Schloss Hellbrunn: Von 1613–15, also innerhalb von nur drei Jahren, entstand einer der prächtigsten Spätrenaissancebauten nördlich der Alpen. Fürsterzbischof Markus Sittikus von Hohenems wollte damit einen einzigartigen Ort der Vergnügungen schaffen, eine Sommeroase. Er vertraute das Projekt Santino Solari an, der bereits mit dem Dombau seine Qualitäten bewiesen hatte. Der Baumeister schuf ein weiteres Meisterwerk. Er beschränkte sich auf klare Formen und setzte Schmuckelemente zurückhaltend ein. Gerade dadurch kommen die konsequente Symmetrie und die perfekten Proportionen des Schlossbaus voll zur Wirkung.

Im Inneren beeindruckt der Festsaal mit einer Fülle an allegorischen Motiven an den Wänden und der gewölbten Decke. Weitere Highlights sind das Oktogon, das Fisch-, Vogel- und Eck-

Plan
S. 97

zimmer. Um den geschlossenen Ehrenhof herum sind die Nebengebäude wiederum symmetrisch angeordnet. Die originale Ausstattung dieses streng-schönen Schlosses, insbesondere die den Räumen farbig angepassten, goldgepressten Ledertapeten, sind leider nicht erhalten geblieben.

Sehenswert

a Hellbrunner Allee

| Flaniermeile |

Die im 17. Jh. von Fürsterzbischof Markus Sittikus von Hohenems in Auftrag gegebene Allee verbindet Schloss Freisaal am Stadtrand von Salzburg mit der verlängerten Gartenachse von Schloss Hellbrunn. Sie ist die älteste erhaltene herrschaftliche Allee Mitteleuropas und besitzt zudem den größten und wertvollsten Altholzbestand des Landes Salzburg. Die 2,5 km lange Achse war der repräsentative Zufahrtsweg zu Schloss Hellbrunn, er ist zu beiden Seiten von Landschaftsgärten gesäumt. Die absolute Geradlinigkeit, die auf Geländegegebenheiten keine Rücksicht nahm, zeigt den Machtanspruch des Fürsterzbischofs.

200 Jahre lang war die Passage nur den Fürsten und ihrem Hofstaat gestattet. Heute ist der Weg entlang der Allee zu Fuß oder mit dem Fahrrad sicher einer der schönsten im Salzburger Land. Hier kann man wunderbar »Bäume erraten« spielen. Schon mal ein kleiner Hinweis: Bei den 621 und bis zu 30 m hohen Bäumen der Allee handelt es sich in der Mehrzahl um Linden, Stieleichen, Rosskastanien, Rotbuchen, Eschen, Spitzahorne, Bergahorne und Hainbuchen.

■ Hofhaymer Allee – Fürstenweg

b Wasserspiele

| Wasserautomaten |

7 *Hauptattraktion des Schlosses, mechanisches Meisterwerk*

Ein Geschenk der Natur: Der Wasserreichtum des Hellbrunner Bergs machte es möglich, dass im Schlosspark Wasser zum Hauptgestaltungsmerkmal wurde. Damit sind wir bei der größten Attraktion des Schlosses: den Wasserspielen. Sie sind die weltweit am besten erhaltenen dieser Zeit. Es gibt Brunnen, Fontänen, Grotten, Weiher und Teiche, alle von römischen Palästen inspiriert.

Wasser ist überall. Manchmal auch da, wo man es gar nicht erwartet. Das mussten auch die Gäste des Erzbischofs erfahren. Denn am »Fürstentisch« wurden sie Opfer von trickreichen Scherzen. Das Wasser spritzte beispielsweise aus den Sitzmöbeln, und die erschreckt flüchtenden Gäste wurden sogar noch durch eine aufsteigende Wasserwand aus Bodendüsen zusätzlich durchnässt. Nur der Gastgeber blieb trocken.

Die Wasserautomaten sind ein mechanisches, immer noch funktionierendes Meisterwerk, das bis heute bei den Vorführungen – insbesondere bei Familien – für reichlich Spaß sorgt.

■ Die Wasserspiele sind im Ticket für Schloss Hellbrunn enthalten.

C Volkskundemuseum

| Museum |

Das Hellbrunner Monatsschlössl, in dem seit 1924 die volkskundliche Sammlung untergebracht ist, soll 1615 in nur einem Monat als Jagdschlössl erbaut worden sein. Zu sehen sind Krippen, religiöse Kleinkunst, Hinterglasmalerei, Möbel, Keramik, Tracht sowie historische Perchten- und Schauspielmasken aus der Gegend. Während der Sommermonate wird jedes Jahr eine Sonderausstellung gezeigt, die Einblick in die Salzburger Volkskultur gibt. Das romantische Schlössl liegt auf dem Hellbrunner Berg und ist zu Fuß vom Schlosspark aus zu erreichen.

■ Monatsschlössl Hellbrunn, Tel. 06 62/ 620 80 85 00, www.salzburgmuseum.at, April–Okt. 10–17.30 Uhr, 3,50 €, 16–26 J.

Die Hellbrunner Wasserspiele werden vom Wasser des Untersbergs angetrieben

1,50 €, 6–15 J. 1 €, der Eintritt ins Volkskundemuseum ist im Ticket für Schloss Hellbrunn enthalten

d Zoo Salzburg

| Tierpark |

17 *Geozoo mit rund 1200 Tieren nahe Schloss Hellbrunn*

Wir schreiben das Jahr 1421. Amerika ist noch nicht entdeckt. Aber in Urkunden wird bereits ein Tiergarten in Hellbrunn dokumentiert. Und als Fürsterzbischof Markus Sittikus von Hohenems 1612 mit den Planungen von Schloss Hellbrunn beginnt, plante er natürlich auch einen großen Tierpark ein. Von dieser Großzügigkeit profitiert der Zoo bis heute.

14 ha stehen zur Verfügung, um Tieren wie Braunbären, Affen, Kängurus, Geparden, Löwen, Wölfen, Nashörnern, Zebras und vielen mehr möglichst artgerechte Lebensumstände zu bieten. Die landschaftlichen Gegebenheiten des in die Natur eingebetteten Tierparks reichen von schroffen Felswänden bis hin zur Auenlandschaft. Für Kinder gibt es auch einen Streichelzoo. Besonders eindrucksvoll ist der Nachtzoo im Sommer, wenn die Tiere nach einem heißen Tag wieder aktiv werden.

■ Hellbrunner Str. 60, Tel. 06 62/820 17 60, salzburg-zoo.at, Nov.–Feb. 9–16.30, März, Okt. 9–17.30, April–Juni, Sept. 9–18, Juli, Aug. 9–18.30 Uhr, 12,50 €, erm. 5,50–8 €

P Parken

Parkplatz Schloss Hellbrunn ■ direkt am Schloss, bis 2 Std. 2 €, danach 1 €/Std., Tagesticket 4 €

Parkplatz Zoo Hellbrunn ■ Hellbrunner Str. 60, 5081 Anif, bis 2 Std. 2 €, danach 1 €/Std., Tagesticket 10 €

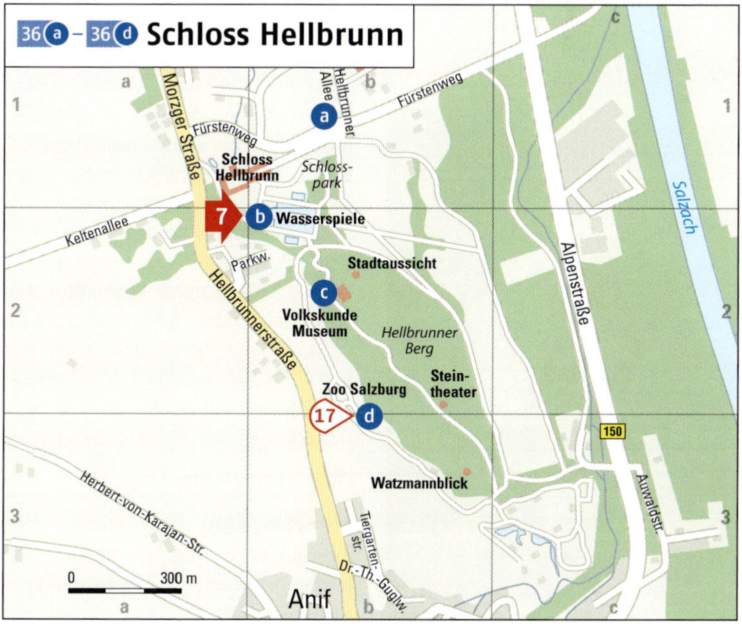

37 Friedhof Anif

Eine Pilgerstätte für den Jahrhundert-Dirigenten Karajan

Bus 25 Anif Friesacher

Anif – vier Buchstaben, die für Karajan-Fans aus aller Welt große Bedeutung haben. Denn in einer Villa am Rande des Städtchens Anif wohnte der 1909 in Salzburg geborene Dirigent von den 1960er-Jahren bis zu seinem Tod 1989. Praktisch für ihn war die Nähe zum Flughafen Salzburg, denn Herbert von Karajan hatte eine Privatfluglizenz. Oft flog er selbst mit seinem Flugzeug zu Konzertterminen.
Seine Grabstätte im östlichen Teil des Friedhofs in Anif ist immer noch eine Pilgerstätte. Meist liegen frische Blumen auf dem Grab mit einem schlichten, schmiedeeisernen Kreuz. Seine letzte Ruhestätte hatte sich der als Perfektionist geltende Maestro schon Jahre vor seinem Tod selbst ausgesucht. Die Gemeinde ehrt ihn mit einer Büste auf dem Kirchplatz, gefertigt von der Bildhauerin Anna Chromy.
Die katholische Pfarrkirche zum hl. Oswald inmitten des Friedhofs mit ihrem markanten spätgotischen Turm ist auch einen Blick wert. Der 1682 errichtete Hochaltar ist mit zwei Gemälden des Malers Christian Lederwasch geschmückt. Die Künstlerfamilie Lederwasch stammte aus dem Lungau, nach ihr ist die Lederwaschgasse in Salzburg benannt. Künstlerisch bedeutend ist auch die Christophorus-Skulptur von Hans Waldburger, die im frühen 17. Jh. entstand. Die Wand- und Deckengemälde im nazarenischen Stil schuf der Maler Josef Gold 1900.

Das Grabmal Herbert von Karajans auf dem Friedhof Anif

ADAC Mittendrin

Seit 2010 gibt es auf dem Almkanal eine **Surfwelle**. Die Besonderheit der 0,5 m hohen und 4 m breiten Welle ist, dass die Wellenform durch zwei bewegliche Spoiler verändert werden kann. Das Projekt wird von der Stadt Salzburg finanziert und ist nicht nur ein Hotspot für Surfer, sondern auch ein beliebtes Spektakel für Besucher. Das Surfen geschieht auf eigene Gefahr.
150 m flussabwärts der Brücke Weidenstraße

Restaurants

€€ | Friesacher Gleich vier Einkehrmöglichkeiten erwarten die Gäste im traditionsreichen Familienbetrieb Friesacher, zu dem auch ein vorzügliches

Im Kletterpark Waldbad Anif sind Adrenalin, Spaß und Spannung garantiert

Hotel gehört. Das Hauben-Restaurant bietet österreichische und internationale Spezialitäten in einer Mischung aus Bodenständigkeit und Extravaganz. In »Der Friesacher Heurige« gibt es neben einer großen Weinauswahl herzhafte Jausen und Deftiges aus der eigenen Landwirtschaft. Die »Friesacher Einkehr« ist ein beliebtes Bierlokal, und im »Stadl« wird bis spät in die Nacht gefeiert und auch mal getanzt. ■ Hellbrunnerstr. 17, Tel. 06246/8977, www.friesacher.com, tgl. 11.30–22.30 Uhr, Tischreservierung online

Kinder

Kletterpark Waldbad Anif Ein großer, sensibel in die Natur integrierter Kletterpark mit über 110 Stationen und neuester Sicherheitstechnik. Ein besonderer Kick ist die Fahrt mit dem Speed Flying Fox (ab 8 J.), mit dem man am Stahlseil über den gesamten Badesee schwebt. Wenn Sie während einer Kletterpause nebenan im Waldbad schwimmen wollen, wird der Eintritt für das Bad rückerstattet. ■ Waldbadstraße, www.kletterpark-salzburg.at, April, Okt. Sa, So 11–17, Mai, Sept. Fr–So 11–17, Juni Fr–So 11–18, Juli, Aug. tgl. 10–18 Uhr, 27 €, Kinder 17 €

Entspannung

18 **Waldbad Anif** Der stadtnahe, von Bäumen umgebene Badesee hat das Flair eines Bergsees. Bei ganzjährig bester Wasserqualität steigt die Wassertemperatur im Sommer bis auf 23 °C. Zum Liegen gibt es einen 300 m langen Badesteg entlang des Ufers. Beliebt ist das Freilicht-Restaurant, dessen Angebot von Pommes bis hin zum gegrillten Saibling reicht. Hunde nicht erlaubt. ■ Waldbadstraße, Juli, Aug. 9 Uhr–Sonnenuntergang, Tageskarte 8 €, erm. 6 €

Die Wanderung durch die Glasenbachklamm eignet sich für die ganze Familie

38 Glasenbachklamm

Wo nach der Eiszeit die Saurier schwammen

- Bus 7 Glasenbach
- Start: Parkplatz Glasenbachklamm, 5061 Elsbethen

Ein Stück unverfälschte Natur, nicht weit vor den Toren Salzburgs. Die Glasenbachklamm ist ein schluchtartiges Kerbtal mit moosbewachsenen Steinen, Stromschnellen, kleinen Wasserfällen, Gumpen, vielen Stegen und mächtigen Felswänden aus Gosaukonglomerat, Nagelfluh, Roter Knollenkalke und Grauem Mergel gefalteten Schichten. Das alles ist nachzulesen auf den lehrreichen 13 Schautafeln des 3 km langen geologischen Lehrpfads durch die Schlucht. Und dieser führt auch zur Stelle, wo 1897 die Fossilien eines 200 Mio. Jahre alten Ichthyosaurus gefunden wurden, eine Fischechse, heute eine der Attraktionen im Haus der Natur (S. 40) in Salzburg.

Die Glasenbachklamm bekommt nur an wenigen Stellen Sonne ab, die Luftfeuchtigkeit ist hoch und die Temperaturen sind auch im Hochsommer gemäßigt. Deshalb ist es ratsam, immer eine Jacke mitzunehmen. Der Steig durch die Klamm, der bis zum Ende des Lehrpfads um etwa 150 m ansteigt, ist auch mit trittsicheren Kindern gut zu gehen und ein Abenteuer. Beste Zeit: wetterabhängig April–Okt.

Restaurants

19 **€ | Alpengasthof Fageralm** Man weiß gar nicht, was man zuerst loben soll: Die herzhafte Hausmannskost in üppigen Portionen, die nette Atmosphäre oder die herrliche Aussicht auf die Stadt Salzburg. Die Fageralm erreicht man, wenn man vom Ende des Lehrpfads in der Glasenbachklamm (Brücke) weiter Richtung

Im Blickpunkt

Typische Salzburger Spezialitäten

Bauernschmaus: gekochte Kartoffeln in Butter goldbraun mit geselchtem, gekochtem oder geräuchertem Schweinefleisch, Speck oder Rindfleisch angebraten, dazu Spiegelei und frische Petersilie

Bierfleisch: geröstetes Rindfleisch mit Schwarzbrotwürfeln, aufgegossen mit Bier, gewürzt mit Kümmel, Koriander und Wacholderbeeren

Ei im Glas: ein oder zwei vollständig geschälte, heiße Eier, die mit Salz und Pfeffer bestreut in einer Glasschüssel serviert werden – ein Frühstücksklassiker

Frittatensuppe: verfeinerte Art der Pfannkuchen- oder Flädlesuppe

Kaspressknödel: Teig aus Semmelwürfeln, Ei, Pinzgauer Bierkäse, Milch und Muskatnuss in Butterschmalz goldgelb ausgebacken und in Salzwasser gegart, mit Schnittlauch bestreut – wird oft mit Suppe serviert

Gröstl: traditionelles österreichisches Pfannengericht aus gekochten Kartoffeln und in Stücke geschnittenem Rind- oder Schweinefleisch, gemeinsam mit gehackter Zwiebel und Champignons in Butterschmalz angeröstet

Muas: in Butterschmalz gebackene Pfannkuchen, wird mit frischen Heidel-, Johannisbeeren oder Kirschen vermischt und heiß serviert

Bauernkrapfen (Blad´l): aus einer Art Spätzleteig ausgestochene Krapfen, die in der Mitte plattgedrückt und goldbraun gebacken werden, häufig mit Preiselbeermarmelade und Puderzucker serviert, es gibt sie aber auch mit Sauerkraut gefüllt

Kasnockn: eine Art Spätzleteig, durch Spätzlesieb in kochendes Wasser gedrückt, mit fein geschnittenem Pinzgauer Käse vermischt und mit gerösteten Zwiebeln oder Schnittlauch garniert

Beim Gleitschirmflug vom Gaisberg überblickt man Salzburg

Hirsteig wandert. Bis zur Alm sind es 2,5 km und 248 Höhenmeter – man sollte also etwa 45 Min. für den Aufstieg einplanen. ■ Gfalls 12, 5061 Elsbethen, Tel. 0662/622093, Do–So 10–18 Uhr

€ | Die Ramsau Ein Wirtshaus wie aus dem Bilderbuch: Das Traditionsgasthaus mit uriger Stubn und schönem Gastgarten liegt direkt am Ende der Glasenbachklamm. Es ist seit 1932 ein Gastbetrieb und wird heute in der dritten Generation geführt. Gepflegt wird die einheimische Küche, so gibt es z. B. Schweinebraten aus dem Holzofen und Topfenstrudel nach Omas Rezept. Mit kleinem Spielplatz. ■ Hinterwinkl 8, 5061 Elsbethen, mobil 06648474366, www.die-ramsau.at, Mi–So 11–22 Uhr

39 Gaisberg

Sportberg, Aussichtsplateau, Genussgipfel und Forschungsstation

■ Anreise am besten mit öffentlicher Buslinie 151 vom Mirabellplatz in Salzburg zur Haltestelle Zistelalm oder Gaisbergspitze. Auf dem Gipfelplateau gibt es nur 55 Parkplätze.

Der 1287 m hohe Gaisberg ist das Freiluft-Fitnessstudio der Salzburger. Sie erklimmen ihn mit dem Mountainbike, dem Rennrad oder in Wanderstiefeln. Von der Spitze starten Paraglider und Drachenflieger, und im Winter ist er ein Eldorado für Skitourengeher und Skilangläufer. Seit 1887 fuhr eine Zahnradbahn auf den Gipfel, doch der Betrieb wurde 1928 eingestellt. Denn ein Jahr zuvor war der Bau der Gaisbergstraße in Auftrag gegeben worden. Nach zweijähriger Bauzeit wurde eine der schönsten Mittelgebirgsstraßen Europas 1929 eröffnet. Bis 1969 fand auf der kurvigen Strecke der »Große Bergpreis von Österreich« statt. Die Autorennsport-Tradition wurde 2002 mit dem Gaisbergrennen für historische Automobile wieder aufgenommen.

Auf dem Gaisberg gibt es zahlreiche Möglichkeiten zur Einkehr sowie zum Übernachten, und auch viele Wanderwege. Besonders beliebt ist der 5,5 km lange Rundweg mit Startpunkt Zistelalm. Der markante, 100 m hohe Sendemast auf dem Gipfelplateau dient seit 1998 auch der Erforschung von Blitzen (siehe Kasten). Ein Traum ist an klaren Tagen der Rundblick vom Gaisberg auf Salzburg und hinein ins Salzburger Seenland, ins angrenzende Bayern und im Süden auf das Tennengebirge und das Göllmassiv.

Restaurants

€–€€ | Rauchenbühelhütte Sicher die urigste Hütte auf dem Gaisberg. Im Gegensatz zur rustikal-alpinen Einrichtung ist die Verköstigung von höchster Raffinesse. Lecker ist das vegane Erdäpfelgulasch. Legendär sind auch die Mehlspeisen, v. a. der Bioapfelstrudel. ■ Oberwinkl 16, Rauchenbühel, mobil 06641188411, www.rauchenbuehel.at, i. d. R. Sa, So 10–17 Uhr, 6 Gehminuten vom Gasthof Mitteregg (Bus 151 Haltestelle Mitteregg, Oberwinkl 78) entfernt

20 **€€€ | Gasthof Schloss Aigen** Das Zwei-Hauben-Restaurant ist der ideale Ort, wenn es etwas zu feiern gibt. Für Jubiläen, Geburtstage und Hochzeiten bildet die Schlossschänke des 1402 erstmals erwähnten Herrensitzes einen stilvollen Rahmen. Den Gastgarten kann man einfach nur paradiesisch nennen, und die Küche versetzt auch Gourmets in Entzücken. ■ Schwarzenbergpromenade 37, mobil 06644081515, www.schloss-aigen.at, Do 17.30–21, Fr 11.30–14 und 17.30–21, Sa, So 11.30–21 Uhr

ADAC Wussten Sie schon?

Auf dem Gipfelplateau auf rund 1300 m Seehöhe befindet sich der **Sender Gaisberg**. Er gehört zum ORF Landesstudio Salzburg und bildet mit dem 100 m hohen Sendemast, der von 1956–57 errichtet wurde, ein markantes Wahrzeichen. Seit 1998 werden hier Blitze erforscht. Rund 50 Blitze schlagen jährlich direkt in den Sendemasten ein und können gemessen werden. Eine permanent aktive Spezialkamera liefert zudem 1000 Bilder pro Sekunde.

Die Rauchenbühelhütte befindet sich etwa auf halber Höhe des Gaisbergs

40 Untersberg

8 *Schnelle Fahrt auf einen himmlischen Gipfel*

■ Bus 25 Untersbergbahn

Von 456 m auf 1776 m in neun Minuten und zwölf Sekunden. Das macht die moderne Zweiseilbahn auf den Untersberg möglich. Die atemberaubende Himmelfahrt mit einem Höhenunterschied von 1320 m versetzt die Besucher buchstäblich in eine andere Welt. Zum einen ist da dieser gefühlt grenzenlose Blick auf das Alpenvorland und in die Alpen, der mit seiner Weite auch die Gedanken frei macht. Zum anderen ist der Untersberg schon immer ein mystischer, geheimnisvoller Berg gewesen.

Der 1853 m hohe Salzburger Hochthron ist einer der Gipfel des Untersbergs

Durch die Verkarstung des Kalksteins gibt es mehr als 400 bekannte Höhlen. Und mindestens ebenso viele Sagen. Sie erzählen von Zwergen in den Höhlen, von Riesen auf den Gipfeln, von Wildfrauen in den dichten Wäldern und Feen. Eine besagt, dass Kaiser Friedrich Barbarossa in dem Berg schläft. Und dabei wächst sein Bart um einen runden Tisch. Zweimal reicht er bereits herum, und wenn er die dritte Runde beendet hat, beginnt das Ende der Welt. Auch Zeitlöcher soll es geben, in denen die Zeit schneller oder langsamer vergeht. Wer auf der Sonnenterrasse der Bergstation im Liegestuhl chillt, tendiert eher zu Variante zwei – und genießt diesen einzigartig schönen Ort.

Verkehrsmittel

Untersbergbahn ■ Dr.-Friedrich-Oedl-Weg 2, 5083 Gartenau, Tel. 06246/72477, www.untersbergbahn.at, Berg- und Talfahrt 28 €, bis 14 J. 14,50 €, unter 6 J. frei

Restaurants

€ | Latschenwirt Ein Wirtshaus am Fuße des Untersbergs, so vollkommen, wie aus einer Vorabendserie entsprungen. »Bodenständig und oanfach«, so lautet der eigene Anspruch. Ein Restaurant, eine »saug´miatliche Bar« und den Gewölberaum »Einkehr« vereint der Latschenwirt. ■ Buchhöhstr. 122, 5084 Großgmain, Tel. 06247/84476, www.latschenwirt.at, Do, Fr 17–22, Sa, So 11.30–22 Uhr

Die Untersbergbahn befördert sommers wie winters Fahrgäste

2
UNTERSBERG
BAHN

Am Abend

Salzburgs Nachtleben steht an vielen Abenden ganz im Zeichen des Sports. Mit der Eisarena, Spielstätte des Eishockeyclubs Red Bull Salzburg, und der Red Bull Arena, Heimstadion des Fußballbundesligisten FC Red Bull Salzburg, locken gleich zwei große Stadien die Sportfans. Gespielt wird auch unweit davon im Casino, das im barocken Schloss Klessheim eine stilvolle Heimat gefunden hat.

Sport

Eisarena Die ursprünglich 1960 erbaute Eissporthalle wurde 2002–03 mithilfe des Hauptsponsors Red Bull zur Mehrzweckhalle mit einem Fassungsvermögen von 6800 Zuschauern umgebaut. In der Funktion als Eishockey-Stadion bietet die Eisarena 3400 Plätze. Der Eishockeyverein EC Red Bull, der hier die Heimspiele austrägt, ist achtfacher Österreichischer Meister und Gewinner des IIHF Continental Cups. Darüber hinaus steht die Eisarena auch Hobbyeisläufern offen. In den Wintermonaten gibt es Mo, Mi und Sa die Möglichkeit zu Abendlauf. ■ Hermann-Bahr-Promenade 2, Tel. 06 62/62 34 11 43 73, www.stadt-salzburg.at, Karten für die Eishockeyspiele des EC Red Bull: ecrbs.redbulls.com/tickets

Red Bull Arena Das Fußballstadion war einer der Austragungsorte der Fußball-Europameisterschaft im Jahr 2008 und fasst 30 188 Zuschauer. Der FC Red Bull, der in dem Stadion seine Heimspiele austrägt, spielt in der obersten österreichischen Spielklasse und ist zwölffacher österreichischer Meister. Vor jedem der Heimspiele werden im Fanpark Shows und Workshops geboten. ■ Stadionstr. 2/3, 5071 Wals-Siezenheim, Tel. 06 62/ 433 33 20, www.redbullsalzburg.at

ADAC Mobil

Vom Flughafen Salzburg aus werden verschiedene **Rundflüge** angeboten. Beispielsweise der »Amadeus-Sightseeing-Flug« mit einer sechssitzigen Piper-Propellermaschine über die Stadt Salzburg nach Berchtesgaden, zum Kehlsteinhaus, Watzmann und Königssee.
Innsbrucker Bundesstr. 95, Terminal 1 Arrival, Tel. 06 62/23 10 71, www.s-air.at, 20 Min. ab 113 €/Person

Casinos

Casino Salzburg Die Auffahrt zum ehemaligen Lustschloss führt durch die große, barocke Gartenanlage und vorbei am prachtvollen Tritonenbrunnen aus dem 19. Jh. Auch im Inneren erwartet die Gäste barocke Opulenz und Großzügigkeit. Schloss Klessheim wurde im frühen 18. Jh. unter Fürsterzbischof Leopold Anton von Firmian vollendet, das Casino zog 1993 ein. Gespielt werden kann u. a. Roulette, Poker, Black Jack, und es gibt auch Spielautomaten. Mit dem »Cuisino« bietet das Casino zudem ein haubenprämiertes Restaurant. ■ Schloss Klessheim, 5071 Wals-Siezenheim, Tel. 06 62/ 854 45 50, www.casinos.at

Übernachten

Im südlichen Salzburg ist die Dichte an Hotels deutlich geringer als in der Altstadt. Hotelgäste sind dort auf ein Fahrzeug oder den öffentlichen Nahverkehr angewiesen, wenn sie die Sehenswürdigkeiten erkunden möchten. Es gibt in diesem sehr grünen Teil der Stadt einige sehr komfortable und ruhige Hoteloasen.

€

Zistelalm Die liebevoll eingerichteten Zimmer in diesem kleinen Paradies bieten Ausblick auf die Bergwelt ringsum. Es gibt eine Hotelbar mit offenem Kamin und ein uriges Restaurant mit Hausmannskost. ■ Am Gaisberg, Tel. 06 62/64 10 67, www.zistelalm.at

€€

21 **Die Gersberg Alm** Romantikhotel nennt sich die Gersberg Alm auf halber Höhe des Gaisbergs. Und das trifft es auf den Punkt. Das bildschöne Holzhaus war früher wirklich eine Alm, wurde aber mit viel Stilgefühl zum Vier-Sterne-Hotel aus- und umgebaut. Das vorzügliche Restaurant ist für sein knuspriges Backhendl und die heimischen Fische bekannt. ■ Gersberg 37, Tel. 06 62/64 12 57, www.gersbergalm.at

The Little Guesthouse Charmantes Elf-Zimmer-Haus im ruhigen Teil eines Wohnviertels. Die eher kleinen Zimmer sind mit Liebe zum Detail eingerichtet. Zum Frühstück werden auch Bio-Kaffee und hausgemachter Kuchen angeboten. Mit kleinem Garten. Das Gästehaus hat drei Stockwerke, es gibt keinen Lift. ■ Rennbahnstr. 11, Tel. 06 62/62 32 68, www.little-guesthouse.at

ADAC Das besondere Hotel

Die Geschichte des **Schlosswirts zu Anif** geht bis ins 16. Jh. zurück. Das damalige Bauerngut gehörte den Erzbischöfen. Bereits 1607 wurde dem Haus das Schankrecht verliehen. Spuren des ursprunglichen Baus sind im Erdgeschoss und ersten Stock noch zu sehen. Es wurde und wird viel Wert darauf gelegt, den Charakter des geschichtsträchtigen Hauses zu bewahren. Trotzdem bietet der Schlosswirt aber den modernen Komfort eines Vier-Sterne-Hauses. *€€ | Salzachtalbundesstr. 7, 5081 Anif, Tel. 062 46/72175, www.schlosswirt-anif.at, DZ ab 154 €*

Das Umland

Die facettenreiche Region rund um Salzburg bietet neben Natur, Kultur und Genuss viel Tradition

Die Stadt Salzburg ist eingebettet in ein Umland, das überwältigende Naturschönheiten, traditionelles Brauchtum, urige österreichische Wirtshäuser und schier unzählige Sehenswürdigkeiten bietet. Man muss nicht weit über die Stadtgrenze hinausfahren, um zu den smaragdgrünen Seen im Salzkammergut zu gelangen, zur größten Eishöhle der Welt, zu interessanten Museen, prächtigen Schlössern und bedeutenden Kirchen.

Auch die Bergwelt rund um Salzburg lockt mit imposanten Gipfeln, die in ihrer Höhe die Salzburger Hausberge weit überragen. Viele davon sind mit Bergbahnen erschlossen. Bei all diesen Attraktionen ist es nicht verwunderlich, dass das Salzburger Land ein überaus beliebtes Ziel von Besuchern ist. Denn die Möglichkeiten, insbesondere auch zu sportlichen Aktivitäten, sind im Sommer wie im Winter gleichermaßen vielfältig.

In diesem Kapitel:

ADAC Top Tipps:

9 Fuschlsee
| See |

Der funkelnde See im Salzkammergut mit seinem Renaissanceschloss, das heute ein Fünf-Sterne-Hotel ist, diente als Drehort der Sissi-Filme. ... 118

10 Eisriesenwelt Werfen
| Eishöhle |

Ihre Dimensionen, die kristallklare Schönheit und riesige Eispaläste machen die Höhle faszinierend. ... 121

ADAC Empfehlungen:

41 Wallfahrtsbasilika Maria Plain

Der mächtige Barockbau dominiert den Wallfahrtsort

■ Bus 6, S 1 Plainbrücke, S1 Bergheim
■ Plainbergweg 38, 5101 Bergheim, www.mariaplain.at, tgl. 7–19 Uhr, im Winter bis Einbruch der Dunkelheit

Sie thront 100 m über Salzburg auf dem Plainberg und ist schon von Weitem zu sehen: Die Wallfahrtsbasilika Maria Himmelfahrt ist das Wahrzeichen von Salzburgs Nordosten. Zusammen mit den vier umgebenden Kapellen bildet sie ein eindrucksvolles barockes Ensemble. 1952 wurde die Basilika sogar in den Rang einer »Basilika minor« erhoben – eine Auszeichnung, die der Papst besonders bedeutenden Kirchenbauten verleiht. Geweiht wurde die Kirche 1674. Vorbild für die doppeltürmige, dreigeschossige Fassade war der Dom zu Salzburg. Es flossen in die Gestaltung aber auch typische Merkmale einer einfachen, ländlichen Wallfahrtskirche der damaligen Zeit mit ein.

Das zentrale Element im Inneren ist der Hochaltar (1674). Das namensgebende Altarblatt stammt vom flämischen Maler Frans van der Neve und zeigt die Himmelfahrt Marias. Das hochverehrte Gnadenbild »Maria Trost« vor dem Altarblatt hat eine lange und wechselvolle Geschichte. Es stammt von einem unbekannten Maler und erregte erstmals Aufsehen, als es im niederbayerischen Ort Regen unbeschadet einen schweren Brand über-

In Maria Plain ist neben der Wallfahrtsbasilika die Kreuzigungsgruppe sehenswert

stand. Über viele Umwege gelangte es 1652 durch Rudolf von Grimming auf den Plainberg und schmückte dort eine eigens errichtete Holzkapelle. Ein Jahr später ersetzte von Grimming das Bild durch eine Kopie und brachte das Original auf Schloss Müllegg, das heutige St. Johanns-Spital in Salzburg. Wiederum über viele Stationen gelangte es erst im Jahr 1732 wieder auf den Plainberg und ist seither Mittelpunkt der Basilika.

Sehenswert

Kalvarienberg

| Andachtsstätte |

Der Weg hoch zum in den Jahren 1686–92 errichteten Kalvarienberg am Südhang des Plainbergs führt über Treppen und vorbei an vier Kapellen. Die Figuren in ihnen stellen die Leidensgeschichte Jesu dar und stammen aus dem späten 17. Jh. Von der Kreuzigungsgruppe auf dem Plateau hat man einen zauberhaften Blick auf die Stadt Salzburg.

Wallfahrtsweg

| Historischer Weg |

Der heutige Pilgerweg von der Stadt Salzburg hinauf zur Wallfahrtsbasilika folgt größtenteils der historischen Wegführung. Gesäumt wird er von 15 steinernen Säulen mit den Geheimnissen der drei Rosenkränze.

■ Ausgangspunkt: Elisabeth-Apotheke, Elisabethstr. 1a, 3,6 km, ca. 1 Std. Gehzeit, 110 Höhenmeter

Restaurants

€€ | Gasthof Maria Plain In dem bildschönen und beliebten Gasthof gibt es vorzügliche österreichische Küche

Eine Säule mit dem hl. Benedikt steht auf dem Vorplatz der Wallfahrtskirche

mit einem besonderen Augenmerk auf Regionalität und als Spezialität »Moßhammers Original Plainer Bratwurst«. Die profitiert davon, dass dem Haus eine eigene Metzgerei angeschlossen ist. Dazu gibt es Sauerkraut und Petersilienerdäpfel. Der Gastgarten mit alten Kastanien ist ein gar wahrhaft himmlischer Platz und die Aussicht über ganz Salzburg ist legendär. So ist es nicht verwunderlich, dass auch viele Einheimische hier Stammgäste sind. Denn der Gasthof, den es vermutlich an dieser Stelle bereits seit dem 12. Jh. gibt, ist einer der schönsten in der Umgebung von Salzburg. ■ Plainbergweg 41, 5101 Bergheim, Tel. 0662/4507010, www.mariaplain.com, Mi–So 11–21 Uhr

Das Museum Ferdinand Porsche Erlebniswelten fahr(T)raum Mattsee

42 fahr(T)raum

22 *Meisterwerke aus der Frühzeit des Automobilzeitalters*

■ Bus 120 Mattsee Ortseinfahrt Nord
■ Passauer Str. 30, 5163 Mattsee, www.fahrtraum.at, tgl. 10–17 Uhr, 13 €, bis 14 J. 6 €, unter 6 J. frei

Im Jahr 2011 kaufte Ernst Piëch, Enkel des legendären Automobilkonstrukteurs Ferdinand Porsche, in seiner Wahlheimat Mattsee eine alte Schuhfabrik. Hier verwirklichte er den Traum, seine Autosammlung der Öffentlichkeit zugänglich zu machen. 2013 eröffnete das Museum mit dem nicht gerade aerodynamischen Namen »Ferdinand Porsche Erlebniswelten fahr(T)raum Mattsee«. 20 atemberaubende Oldtimer sind auf 4500 m² ausgestellt. Man glaubt es kaum, aber beim ältesten von 1901, einem Lohner Porsche, handelt es sich übrigens um ein Hybridfahrzeug mit Elektro- und Verbrennungsmotor! Intention des Museums ist es über die Präsentation der Exponate hinaus, Autotechnik erlebbar zu machen.

Eine weitere Ausstellung ist historischen Traktoren gewidmet. Denn – das sei in Erinnerung gerufen – Ferdinand Porsche wollte ab 1915 auch die Motorisierung von Landwirtschaftsfahrzeugen revolutionieren und entwickelte einen Volksschlepper, der 1938 als Prototyp vorgestellt wurde.

Auch Kinder und Jugendliche kommen auf ihre Kosten, denn im Museum ist die größte Carrera-Rennbahn des Landes aufgebaut, zudem gibt es Rennsimulatoren. Einige der durchweg fahrbereiten historischen Automobile stehen auf vorherige Anfrage an schönen Tagen für Ausfahrten mit Chauffeur bereit.

Sehenswert

Strandbad Mattsee

| Seebad |

Eines der schönsten Strandbäder Österreichs flankiert den Mattsee. Es wurde in den 1920er-Jahren nach Plänen des Wiener Architekten Franz Mörth errichtet und steht unter Denkmalschutz. Der Mattsee hat Trinkwasserqualität und wird im Sommer angenehm warm. 2006 erreichte seine Wassertemperatur sogar knapp 30 °C.

■ Strandbadstr. 16, 5163 Mattsee, Tel. 062 17/78 85 13, www.mattsee.at, Mai, Juni 9–19, Juli, Aug. 8–19, Sept. 9–18 Uhr, 6,30 €, 6–15 J. 3,20 €

Restaurants

€–€€ | Braugasthof Sigl Beim Sigl im Herzen von Obertrum ist´s einfach urgemütlich. Und das Trumer Bierbratl mit Krautsalat und Semmelknödel könnte besser nicht sein. Doch der Gasthof ist darüber hinaus ein ganz besonderer, denn er ist die Schankstelle des berühmten Trumer Biers, das gegenüber in der Trumer Privatbrauerei seit über 400 Jahren gebraut wird. ■ Dorfpl. 1, 5162 Obertrum, Tel. 06219/7700, www.braugasthof-sigl.at, Mo, Do–Sa 11–24, So 9–22 Uhr; Führungen durch die Trumer Welt: Brauhausgasse 2, 5162 Obertrum, Infos unter Tel. 06219/741150 und www.trumer.at

Einkaufen

Laden Collegiatstift Mattsee Bereits seit 1150 ist das Collegiatstift Mattsee eng mit dem Weinbau verbunden. Die eigenen Weine kann man im Laden des Stiftes kaufen. Möglich ist auch eine Besichtigung des historischen Weinkellers im Wartsteinfelsen sowie des Stiftsmuseums, der Stiftsbibliothek, Stiftskirche und Schatzkammer. ■ 5163 Mattsee, Tel. 06217/520225, www.stiftmattsee.at, Nov.–März Fr 10–12, 16–18, Sa 10–12 Uhr, April–Okt. Do–Sa 10–12, Fr. 16-18 Uhr

43 Salzburger Freilichtmuseum

500 Jahre Landesgeschichte auf 50 ha präsentiert

■ Bus 180 ab Salzburger Hauptbahnhof bis Haltestelle Freilichtmuseum

■ Hasenweg 1, 5084 Großgmain, www.freilichtmuseum.com, April–Juni, Sept.–Mitte Okt. Di–So 9–18, Juli, Aug. tgl. 9–18, Mitte–Ende Okt. Di–So 9–17 Uhr, 12 €, erm. 6 €, bis 6 J. frei

Man sollte ein bisschen Zeit mitbringen, um all die Gebäude dieses landschaftlich so schön gelegenen Areals entdecken zu können. Über 100 sind es, darunter Bauernhöfe, Bauernhäu-

Das Salzburger Freilichtmuseum befindet sich zwischen Salzburg und Bad Reichenhall

ser, Mühlen, Almhütten, eine Schmiede und sogar ein Sägewerk. Sie alle vermitteln einen lebendigen Eindruck vom ländlichen Leben im Salzburger Land zwischen dem 15. und 20. Jh. Das weitläufige Gelände ist unterteilt und jeweils einem der fünf Salzburger Landesteile Flachgau, Tennengau, Pongau, Pinzgau und Lungau zugeordnet. Denn die Hofgestaltung entwickelte sich im Laufe der Jahrhunderte regional sehr verschieden. Ein spannender Ausflug in die Historie der Gegend mit unzähligen postkartenschönen Motiven.

Es gibt auch eine Museumseisenbahn, um die mitunter langen Wege zu überbrücken. Kinder freuen sich über einen Klettertraktor in der zusätzlichen Traktorenausstellung, sowie über einen Erlebnisspielplatz. Regelmäßig zeigen Holzschuhmacher, Seifensieder und Rechenmacher ihre Handwerkskünste.

Altarraum der Marienwallfahrtskirche Großgmain

Und die historische Museumsgaststätte Salettl bietet regionale Spezialitäten.

Sehenswert

Plainburg

| Burgruine |

Ihre ursprüngliche Entstehung im 11. Jh. machen die Überreste der Plainburg, auch »Salzbüchsl« genannt, zu einer der ältesten Burgruinen Österreichs. 1796 verließ der letzte Soldat die Festung, die seither langsam verfällt. Erhalten sind nur noch die über 5 m hohen und bis zu 1,45 m dicken Außenmauern, der Innenhof, der Eingangsbereich mit Torhaus und einer der tiefsten Brunnen Österreichs im Burghof. Die Burgruine mit Aussichtsplattform ist ein beliebtes Ausflugsziel und ein poetischer Erinnerungsort.

■ Salzburger Str. 250, 5084 Großgmain, Eintritt frei, im Winter ist der Innenhof gesperrt

Marienwallfahrtskirche Großgmain

| Kirche |

Die Kirche in der Dorfmitte, umgeben vom Friedhof, bietet im Inneren Kunstschätze von unschätzbarem Wert. Die sechs vollständig und zwei in Fragmenten erhaltenen spätgotischen Tafelbilder von 1499 vom ehemaligen Flügelaltar der Kirche hängen heute im Chorraum und zählen zu den bedeutendsten spätgotischen Werken Österreichs. Das Gnadenbild, die Steingussfigur einer Madonna aus der Zeit um 1400, bildet heute den Mittelpunkt des 1739 von Johann Georg Langmayr geschaffenen Hochaltares. Vor dem 18. Jh. war sie hinter dem damals freistehenden Altar aufgestellt. So konnten die Pilger zur Verehrung zum Gna-

Beim Besuch des Schaubergwerks in Hallein gelangt man tief unter die Erde

denbild gelangen. Ein in marianischen Wallfahrtsorten seltener Brauch war das Opfern von geschlachteten Hühnern, die während der Messe zu einem Schrank hinter dem Altar gebracht wurden, der bis heute erhalten ist. An die Kirche angeschlossen ist ein Marienheilgarten.

■ Josef Meinrad Weg 1, 5084 Großmain

44 Salzwelten Hallein

Ein abenteuerlicher Ausflug hinab in 2500 Jahre alte Stollen

■ Regionalexpress Salzburg – Hallein, weiter mit Bus 42 bis Haltestelle Bad Dürrnberg Salzbergwerk

■ Ramsaustr. 3, 5422 Bad Dürrnberg, Tel. 061 32/200 85 11, www.salzwelten.at, für Kinder ist der Besuch ab 4 J. gestattet, Nov.–März 9–15 Uhr (evtl. Schließzeit im Winter, Infos auf der Webseite), April–Okt. 9–17 Uhr, 30 €, unter 16 J. 15 €

Ein Riesenspaß für die ganze Familie. Und das bei jedem Wetter. Die Fahrt mit der Grubenbahn und das Hinabgleiten über zwei lange Bergmannsrutschen ins älteste Schaubergwerk der Welt ist ein unvergessliches Abenteuer. Bereits seit mehr als 450 Jahren fahren Besucher in den Halleiner Dürrnberg ein. Sie sind beeindruckt von den Stollen, die keltische Bergmänner vor 2500 Jahren mühsam und unter großer Gefahr in den Berg trieben, um das »weiße Gold« zu fördern.

Nach einer längeren Unterbrechung wurde der Salzbergbau im 12. Jh. wieder aufgenommen. Den Höhepunkt erreichte die Salzförderung im 16. Jh. 1989 wurde die Soleleitung unter Tage für immer abgedreht, der Standort war nicht mehr rentabel, die Technik veraltet. Vom 65 km langen Stollensystem sind fast 12 km begehbar. Ein Erlebnis ist es auch, mit dem Floß über den unterirdischen Salzsee zu gleiten.

Sehenswert

Keltenmuseum Hallein

| Museum |

23 *Drei erzbischöfliche Fürstenzimmer und ein Museumslabor*

Das bemerkenswerte Museum in einem einstigen Verwaltungsgebäude der Salinen ist eines der größten in Europa für keltische Geschichte. Es geht aus dem 1882 gegründeten Stadtmuseum Hallein hervor. Begehbare Stollen, Grabkammern und kunstvoller Goldschmuck entführen die Besucher in die Zeit der Kelten.

Das spektakulärste Exponat ist eine 2500 Jahre alte, keltische Schnabelkanne mit fabelwesenartigen Raubtieren und Dämonen. Neben der Historie der Kelten präsentiert die Ausstellung auf 3000 m² auch die historische Salzgewinnung in Hallein und die Entwicklung der Stadt. Besonders interessant ist der Einblick in drei original gestaltete erzbischöfliche Fürstenzimmer.

In den Kinderwochen (i. d. R. Ende Juli–August) werden nicht nur kostenlose Familienführungen, sondern auch günstige Bastelworkshops und das beliebte Museumslabor angeboten.

■ Pflegerpl. 5, 8400 Hallein, www.keltenmuseum.at, tgl. 9–17 Uhr, 8 €, bis 26 J. 3 €, bis 6 J. frei, freier Eintritt mit Ticket der Salzwelten Hallein

Rekonstruktion eines keltischen Streitwagengespanns im Keltenmuseum Hallein

Stille-Nacht-Museum Hallein

| Museum |

28 Jahre lang lebte und arbeitete Franz Xaver Gruber (1787–1863), Komponist des bekannten Weihnachtsliedes »Stille Nacht, heilige Nacht« in Hallein. Direkt gegenüber dem Museum befindet sich seine ehemalige Wirkungsstätte, die Stadtpfarrkirche, in der er als Chorregent und Organist wirkte. Dem berühmten Sohn der Stadt ist ein Museum gewidmet, das zum Keltenmuseum gehört. Untergebracht ist es in seinem ehemaligen Wohnhaus. Zu sehen sind Originalmobiliar, persönliche Gegenstände und die Gitarre, mit der Franz Xaver Gruber am 24. Dez. 1818 die Uraufführung des Liedes begleitete. Auch seine Grabstelle befindet sich in Hallein, direkt vor dem Museum auf dem nach ihm benannten Gruberplatz.

■ Gruberplatz 1, 5400 Hallein, stillenacht museumhallein.at, tgl. 9–17 Uhr, 5 €, bis 26 J. 2,50 €, bis 6 J. frei

45 Salzburgring

Für ein paar Runden Rennfahrer-Feeling erleben

■ Salzburgring 1, 5325 Plainfeld, Tel. 062 21/73 01, www.salzburgring.com

Nur 13 km von der Stadt entfernt liegt eine der bekanntesten Rennstrecken Österreichs. Der Salzburgring wurde im Jahr 1969 gebaut, um auf ihm Autorennen auszutragen. Die langen Geraden ermöglichen extrem hohe Geschwindigkeiten. Einzigartig sind die Naturtribünen, die durch ihre erhöhte Lage einen Überblick über größere Teile der Strecke ermöglichen. Aus Lärmschutzgründen ist die Zahl der großen Motorsportveranstaltungen heute auf jährlich fünf limitiert. Es finden aber auf dem Gelände auch andere Veranstaltungen statt, etwa das Inlineskate-Rennen »Skate the Ring«. Zudem ist der Salzburgring seit 2013 jedes Jahr im Juli Austragungsort des Electric-Love-Festivals, zu dem über 180 000 Zuschauer kommen.

Für Hobby-Rennfahrer gibt es zu festgelegten Terminen die Möglichkeit zum »Freien Fahren« auf dem 4,25 km langen Kurs. Mit den zu mietenden Touren- und Sportwagen wie ein Porsche 991 GT3, Ferrari F360, Lamborghini, Huracón oder McLaren MP4-12C sind Geschwindigkeiten von über 250 km/h möglich.

Die etwa 4,2 km lange Rennstrecke des Salzburgrings ist von insgesamt zwölf Kurven geprägt

Sehenswert

Manro

| Museum |

Ferrari, Maserati und Jaguar: Dies sind Namen, die jedem Autofan auf der Zunge zergehen. Old- und Youngtimer dieser Kultmarken und noch vieler weiterer sind in diesem hochkarätigen, aber noch wenig bekannten Museum neben dem Salzburgring zu sehen. Außerdem ausgestellt sind Formel-1-Rennwagen, Motorräder und sogar Flugzeuge. Die zugegebenermaßen etwas wilde, aber durchaus interessante Mischung wird komplettiert von einer Musikinstrumente- und Jukebox-Sammlung, alles ist noch funktionstüchtig.

■ Gewerbepark Habach 1–9, 5321 Koppl bei Salzburg, www.manro-classic.at, Mai–Sept. Do–Mo 9.30–17, Nov.–April Sa, So 9.30–17 Uhr, 13 €, Kinder 9 €

Einzigartig: das Auto- und Musikmuseum Manro in Koppl

46 Fuschlsee

9 *30 Min. von der Stadt entfernter Lieblingssee vieler Salzburger*

■ Bus 150 ab Salzburger Hauptbahnhof bis Haltestelle Fuschl

■ Hofer Naturbadestrand, Schloss-Str. 11, 5322 Hof bei Salzburg, www.hof.at, Tageskarte 4,50 €, Kinder 2,50 €

Von den 19 großen Seen im Salzkammergut ist der Fuschlsee von Salzburg aus am schnellsten zu erreichen. Eine knappe halbe Stunde dauert die Autofahrt. Im Sommer gönnen sich viele Salzburger nach der Arbeit am Abend noch eine Abkühlung in dem idyllischen See, dessen Wasser mal türkis schimmert, an anderen Tagen wieder tiefblau. Der Ausdruck »Sommerfrische« ist beim Fuschlsee wörtlich zu nehmen, denn mit einer Tiefe bis zu 66 m wird er selten wärmer als 20 °C. Es gibt an seinen Ufern einige schöne Bademöglichkeiten, z. B. den Hofer Naturbadestrand mit einem langen Holzsteg. Aber der Salzburger Haussee hat zu allen Jahreszeiten seine Reize. Im Winter gefriert meist seine Wasseroberfläche, dann wird er zum großen Eislauf- und Eisstockplatz.

Beliebt ist der Rundwanderweg. 11,2 km ist er lang, man sollte gute drei Stunden Gehzeit einplanen. Immer wieder möchte man stehenbleiben und die Schönheit der Natur genießen. Seit 700 Jahren ist der fischreiche Fuschlsee, einer der saubersten Seen Europas mit einer Sichttiefe von 8 m, im Besitz des Erzbistums Salzburg. Ein Segen für den See, denn er wurde nicht dem Kommerz und Immobilienspekulanten geopfert. Bis heute ist er ein See, wie man ihn sich erträumt.

Sehenswert

Schloss Fuschl

| Schloss |

Das Schloss kommt Ihnen bekannt vor? Richtig, in den Jahren 1955–57 war es Drehort der legendären Sissi-Filme mit Romy Schneider und Karlheinz Böhm. Es diente als filmischer Ersatz für Schloss Possenhofen am Starnberger See. Auch wenn Elisabeth von Österreich-Ungarn das im 15. Jh. erbaute Schloss am Westende des Fuschlsees im echten Leben nie betreten hat, ist es doch kaiserlich schön.

Das ehemalige Jagdschloss ist heute ein luxuriöses Fünf-Sterne-Resort & Spa mit 110 Gästezimmern und Suiten. Besucher können auf der Sonnenterrasse mit Blick zum See Kaffee trinken und die Kuchenvarianten probieren oder im feinen Schloss-Restaurant dinieren. Edel-romantisch ist die Schloss Bar mit knisterndem Kaminfeuer.

■ Schloss-Str. 19, 5322 Hof bei Salzburg, Tel. 06229/22530, www.marriott.com, wg. Renovierung bis voraussichtl. 2024 geschl.

Erlebnisse

24 **Zillenschifffahrt** Zillen, das sind Boote mit einem spitzen Bug und flachen Boden, die traditionell auf den Seen im Salzkammergut verkehren. »Die Fuschlerin« ist so eine Zille, zu der man streng genommen gar nicht Boot sagen darf. Langsam und majestätisch über das Wasser gleitend, bringt sie die Besucher in den Sommermonaten von der Seepromenade Fuschl in 45 Min. zur Schloss Fischerei am anderen Ende des Sees. ■ Seestr. 30, 5330 Fuschl am See, Tel. 06226/8264, www.ebners-waldhof.at/de/zillenschifffahrt-fuschlsee, Einzelfahrt 6 €, Kinder 3,50 €, bis 6. J. frei

Das Schloss Fuschl wurde im 15. Jh. erbaut, seit 1947 dient es als Hotel

ADAC Spartipp

Frischer kann man Fisch nicht genießen als in der **Schloss Fischerei** direkt am Fuschlsee. Und günstiger in dieser Qualität auch nicht.

14 heimische Fischarten holt Gerhard Langmaier, Fischermeister der Schloss Fischerei, aus dem See. Darunter Seesaibling, Seeforelle, Regenbogenforelle, Schleie, Zander und Hecht. 2016 wurde die Fischbude nach einem Umbau neu eröffnet. Den ofenwarmen Räucherfisch kann man nun mit Panoramablick an Heurigentischen direkt am Seeufer genießen, ein wunderbares Platzerl. Fischspezialitäten – geräuchert und roh – gibt es an der Verkaufsstelle auch zum Mitnehmen.

Schloss-Str. 2, 5322 Hof bei Salzburg, Tel. 06229/22531533

Zu jeder vollen Stunde starten auf dem Gut Aiderbichl in Henndorf Führungen

Sport

Bootsveleih Edenberger/Reindl Hier gibt es gepflegte Tretboote, Ruderboote und Elektroboote. Den See auf diese individuelle Weise zu erkunden ist besonders romantisch. ■ 5330 Fuschl am See, Seestr. 15, Tel. 06226/822011

47 Gut Aiderbichl

Im Gnadenhof führen gerettete Tiere ein würdiges Leben

■ Bus 130 Gersbach, von dort gibt es einen Shuttledienst

■ Berg 20, 5302 Henndorf am Wallersee, Tel. 0662/625395, www.gut-aiderbichl.com, tgl. 9–18 Uhr, 10,50 €, bis 14 J. 6 €

Sie sollten geschlachtet werden, wurden misshandelt oder ausgesetzt: Mehr als 1000 gerettete Tiere genießen an diesem idyllischen Zufluchtsort ihre zweite Chance auf ein würdiges Leben – vom Kamel und Esel über Schimpansen und Schweine bis hin zu Meerschweinchen und Papageien. Im Jahr 2002 wurde der Gnadenhof in Henndorf bei Salzburg eröffnet. Seitdem können sich die Besucher ein Bild davon machen, wie sehr auch Tiere ihr wiedergefundenes Lebensglück genießen. Man kommt schon ins Nachdenken über unseren Umgang mit Tieren, bei einem Spaziergang über das weitläufige Gut, auf dem der Minizug »Biggy« die Besucher zu den Außenhöfen bringt.

Besonders auch für Kinder ist der Besuch des Aiderbichl Bauerndorfes ein intensives und nachhaltiges Erlebnis, weil sie sich vielen Tieren nähern, sie z. T. sogar anfassen und bei der Pflege helfen dürfen. Angeboten wird zudem eine 45-minütige Gratisführung, bei der man viel über das Schicksal und die artgerechte Haltung der Tiere erfährt.

Legendär ist inzwischen der jährlich stattfindende Weihnachtsmarkt im Advent, zu dem sogar Hollywood-Stars anreisen.

Kinder

Fantasiana Erlebnispark

| Vergnügungspark |

25 *Österreichs größter Familien-, Märchen- und Erlebnispark*

Der Fantasiana Erlebnispark verzaubert und fasziniert mit einer märchenhaften Welt voller Träume, spannender Abenteuer und Nervenkitzel. Es gibt sieben verschiedene Themenbereiche: Schlosshof, Pilzhausen, Afrika Orient, Märchenwald, Westernstadt, Dino Adventure und den sogenannten Actionbereich. Die 50 Attraktionen reichen von der abenteuerlichen Fahrt mit dem Piratenschiff bis zum 3-D-Kino. Einziges Risiko: Es könnte schwer werden, die Kinder wieder aus diesem Paradies in die reale Welt zu locken.

■ Märchenweg 1, 5204 Straßwalchen, Tel. 06215/8181, www.erlebnispark.at, April–Okt. tgl. 10–18 Uhr, 24,50 €, bis 120 cm Körpergröße 19,50 €, unter 90 cm Körpergröße frei

48 Eisriesenwelt Werfen

10 *Die größte und wahrscheinlich schönste Eishöhle der Welt*

■ S 3 Werfen (von Salzburg Hbf 40 Min. Fahrzeit entfernt), von dort fahren Busse zur Talstation der Seilbahn

■ Eishöhlenstraße, 5450 Werfen, www.eisriesenwelt.at, Besucherzentrum: Mai–Okt. tgl. 8.30–15 Uhr, letzte Bergfahrt zur Höhle: 15.20 Uhr, 35 €, bis 18 J. 25 €, 5–14 J. 17 €, Zutritt nur mit Guide

Die Temperatur bleibt auch im Sommer meist unter dem Gefrierpunkt. Trotzdem lässt die größte Eishöhle der Welt keinen Besucher kalt. Sie ist ein Natur-

Überwältigend: Gänsehautmomente sind in der Eisriesenwelt Werfen garantiert

spektakel, das in seinen Dimensionen einfach unfassbar ist. Über 42 km erstreckt sich das gesamte Höhlensystem. Für die Öffentlichkeit zugänglich ist nur etwa 1 km, aber auch der ist ein Wunderwerk der Natur. Schon das Höhlenportal von 20 m Breite und 18 m Höhe ist imposant. Und die Eispaläste mit ihrer kristallklaren Schönheit sind es ebenso.
Entdeckt wurde die Höhle, die sich ca. 40 km südlich von Salzburg befindet, im Jahr 1879 vom Salzburger Naturforscher Anton Posselt. Aufgrund seiner beschränkten Ausrüstung konnte er allerdings nur 200 m ins Höhleninnere vordringen. Den Umkehrpunkt markierte er mit einem schwarzen Kreuz am Felsen, dem Posselt-Kreuz, das auch heute noch zu sehen ist. Nach dem Ende des Ersten Weltkriegs setzten der Rechtsanwalt Friedrich Oedl und Walter Freiherr von Czoernig-Czernhausen die Erforschung der Eishöhle fort. Schon im Jahr 1920 fanden die ersten Führungen statt.
Der früher schwierige und gefährliche Aufstieg zur Höhle ist heute komfortabel. Eine Seilbahn bringt von Mai bis Oktober bis zu 2500 Besucher pro Tag in die Nähe des Höhleneingangs. Sie bewältigt rund 500 Höhenmeter in wenigen Minuten. Dort bekommt jeder von ihnen eine Karbitlampe, was den Abenteuerfaktor unterstreicht.
Die Besucher sollten beachten, dass der Aufstieg zur unteren Seilbahnstation und von der Bergstation der Seilbahn zum Höhleneingang über insgesamt 700 Stufen hinauf sowie die 75-minütige Höhlenführung eine gewisse Grundkondition erfordern. Aber die Einzigartigkeit dieser fast schon überirdisch schönen Eiswelt macht alle Strapazen vergessen.

Sehenswert

Festung Hohenwerfen

| Burg |

Die ehemalige Wehrburg thront seit 900 Jahren auf einem 155 m hohen Felskegel über dem Salzachtal. Die mächtige Burganlage ist eine »Schwesterburg« der Festung Hohensalzburg (S. 26) und kann im Rahmen von Burgführungen besichtigt werden. Eindrucksvoll ist v. a. die Waffenausstellung, zudem gibt es einen Ritterladen und einen historischen Landesfalkenhof mit täglicher Falknershow. Zu erreichen ist die Festung Hohenwerfen in einer Viertelstunde über einen schattigen Fußweg oder direkt vom Parkplatz aus mit dem Personenaufzug.

■ Burgstr. 2, 5450 Werfen, www.salzburg-burgen.at, April, Okt.–Anf. Nov. Di–So 9.30–16, Mai–Mitte Juli, Mitte Aug.–Sept. tgl. 9–17, Mitte Juli–Mitte Aug. 9–18 Uhr, inkl. Lift: 14 €, erm. 8,40 €, ohne Lift: 10 €, erm. 5,90 €, Falknershow April–Mitte Juli, Mitte Aug.–Okt. 11.15 und 15.15, Mitte Juli–Mitte Aug. 11.15, 14.15, 16.30, Mitte Aug.–Anfang Nov. 11.15, 15.15 Uhr

Restaurants

€€€ | **Obauer** Die sympathischen Brüder Karl und Rudolf Obauer führen seit Jahrzehnten in der Marktgemeinde Werfen eines der besten Restaurants Österreichs. Sie gelten als Pioniere der neuen österreichischen Küche und haben eine eigene Nouvelle Cuisine Alpine geschaffen. Mittags gibt es Drei-Gänge-Menüs zwischen 42 und 50 €. Rechtzeitige Reservierung erforderlich. ■ Markt 46, 5450 Werfen, Tel. 06468/52120, www.obauer.com, Mi 18.15–21, Do–So 12–13.30, 18.15–21 Uhr

Die Festung Hohenwerfen ist ein traumhaftes Ausflugsziel für Familien

Übernachten

Im landschaftlich reizvollen Umland von Salzburg gibt es eine Vielzahl an empfehlenswerten Übernachtungsmöglichkeiten – vom urigen Landgasthof bis hin zum Luxusresort. Auffallend ist auch hier durchwegs die Freundlichkeit, Zuvorkommenheit und Kompetenz der Hausinhaber und des Servicepersonals. Nicht zuletzt diese Qualität sowie der hohe Standard der Ausstattung machen den Aufenthalt in Hotels im Salzburger Land so gastlich und angenehm.

€

Bambichlhof 2 km vom Fuschlsee entfernt, inmitten grüner Wiesen, liegt dieser Wohlfühlbauernhof, der auch das Cover einer Werbebroschüre für das Salzburger Land zieren könnte. Die Zimmer sind komfortabel, es gibt ein Bio-Frühstück mit selbstgemachten Köstlichkeiten und für Kinder einen Spielplatz. Sie können Kaninchen und Lämmer füttern oder dem Bauern beim Melken der Kühe über die Schultern schauen. Auch Ferienwohnungen können gemietet werden. ■ Bambichlweg 1, 5330 Fuschl am See, Tel. 06226/8564, www.portal.gastfreund.net/bambichlgut

Hochhäusl Die familiengeführte Pension liegt am Eingang der 1000-Einwohner-Gemeinde Werfenweng. Die Zimmer sind einfach gehalten und sehr sauber. Es gibt auch Ferienwohnungen. Sehr freundliche und hilfsbereite Inhaber. ■ Eulersberg 18, 5453 Werfenweng, Tel. 06466/491, www.hochhaeusl.at

Hotel Seerose Das familiengeführte Hotel liegt direkt am Fuschlsee. Alle Zimmer haben einen Balkon. Es gibt einen großen Wellnessbereich mit Indoor-Panorama-Pool und im Sommer auch einen beheizten Außenpool. ■ Dorfstr. 20, 5330 Fuschl am See, Tel. 06226/8216, www.hotel-seerose.at

€€

Biohof Girlinggut Das romantische Gutshaus bietet eine weite Aussicht und komfortable Zimmer. Die Atmosphäre ist sehr herzlich und persönlich hier. Der Erbhof, seit 14 Generationen im Familienbesitz, ist bereits seit 1992 zertifizierter Biobetrieb. Kinder dürfen im Kuh-Laufstall die kleinen Kälber streicheln. ■ Gschaidstr. 8, 5161 Elixhausen bei Salzburg, Tel. 0662/4803580, www.girlinggut.at

Hanslmann Mit gut 50 km etwas weiter von Salzburg entfernt ist diese charmante und sehr gepflegte Frühstückspension. Sie liegt etwas erhöht über dem Attersee, hat einen eigenen Seezugang, einen weitläufigen Garten und sogar eine Alm. Ein paradiesisch schöner Ort. ■ Unterroith 1, 4853 Steinbach am Attersee, Tel. 0664/2138358

Das idyllische Hotel Ebner's Waldhof liegt am Fuschlsee

Schlosshotel Iglhauser Die Bausubstanz dieses stattlichen Schlosses auf einer Halbinsel des Mattsees geht auf ein im Jahr 1200 errichtetes »Frohnhaus« zurück. Das Wohnen hinter dicken Mauern schafft auch heute noch eine spezielle Atmosphäre. Die Gäste können den Garten mit Seezugang benützen. ■ Schloßbergweg 1-4, 5163 Mattsee, Tel. 06217/5205

Seehotel Winkler Das modern eingerichtete Hotel liegt in der Ostbucht des Wallersees, 16 km von Salzburg entfernt. Es hat einen hoteleigenen Badestrand, das Restaurant ist für seine ausgezeichnete Fischküche berühmt. ■ Uferstr. 32, 5202 Neumarkt am Wallersee, Tel. 06216/5270, www.winkler.at

€€€

Ebner's Waldhof Ein Luxusresort mit eigenem Strand am Fuschlsee. Der Premium-Wellnessbereich ist 4000 m² groß. In den drei Restaurants wird Gourmetküche serviert. Und auch Kinderträume werden hier wahr: Es gibt einen hoteleigenen Stall mit Ponys. ■ Seestr. 30, 5330 Fuschl am See, Tel. 0622/8264, www.ebners-waldhof.at

Travel Charme Bergresort Werfenweng Das große und in moderner Architektur erbaute Vier-Sterne-Resort lässt keine Wünsche offen. Die Zimmer und Suiten haben einen traumhaften Blick, und es gibt ein 1600 m² großes Spa. Das 20 x 8 m große Außenbecken ist ganzjährig auf 29 °C beheizt. Die Gäste können unter drei Restaurants wählen, darunter das urige Stroblhaus. ■ Weng 195-198, 5453 Werfenweng, Tel. 06466/3910, www.travelcharme.com

ADAC Service Salzburg

Beim **ADAC Infoservice**, in den **ADAC Geschäftsstellen** sowie auf dem **Internetportal des ADAC** (adac.de) erhalten Sie Informationen zu den Dienstleistungen des Automobilclubs und zu Ihrem Reiseziel. So können Sie sich von der **ADAC Trips App** (adac.de/services/apps/trips) via Smartphone oder Tablet-PC inspirieren lassen oder als **ADAC Mitglied** das kostenlose **ADAC Tourset® Salzburg** (adac.de/reise-freizeit/reiseplanung/tourset) mit vielen Reiseinfos und Karten anfordern. Bei Pannen und Notfällen steht Ihnen unser Team rund um die Uhr telefonisch und digital (adac.de/hilfe und ADAC Pannenhilfe App) zur Verfügung.

ADAC Infoservice

T 0800 510 11 12
Infos zu allen ADAC Leistungen
(Mo–Sa 8–20 Uhr, gebührenfrei)

ADAC Ambulanzdienst

T +49 89 76 76 76
(Erkrankung, Unfall, Verletzung, Transportfragen, Todesfall)

ADAC Pannenhilfe Deutschland

T 089 20 20 40 00, Mobil 22 22 22
(Verbindungskosten je nach Netzbetreiber/Provider)

ADAC Pannenhilfe Ausland

T +49 89 22 22 22
(Verbindungskosten je nach Netzbetreiber/Provider)

Online-Angebote des ADAC für Ihre Reiseplanung

Service	Webadresse
Reiseinspirationen, -planung und -hinweise	adac.de/reise-freizeit/reiseplanung
Aktuelle Verkehrslage	adac.de/verkehr
Individuelle Routenplanung	adac.de/maps
Infos zu Tankstellen und Spritpreisen	adac.de/tanken
Infos zu mautpflichtigen Strecken	adac.de/reise-freizeit/maut-vignette
Infos zu Fährverbindungen	adac.de/faehren
Aktuelle Infos vor Reiseantritt	adac.de/tourmail
Informationen für Camper	adac.de/camping
Informationen für Motorrad- und Oldtimerfahrer	adac.de/reise-freizeit/reisen-motorrad-oldtimer
Informationen für Segler und Skipper	skipper.adac.de
ADAC Reiseangebote	adacreisen.de
ADAC Autovermietung	adac.de/autovermietung
ADAC Versicherungen für den Urlaub	adac.de/versicherungen
Weltweite Preisvorteile für ADAC Mitglieder	adac.de/vorteile-international
Telemedizinische Beratung	adac.de/meinmedical

Diese **Produkte des ADAC** könnten Sie interessieren: **ADAC Reiseführer Wien, ADAC Reiseführer Oberbayern** und **ADAC Reiseführer Tirol** – erhältlich im Buchhandel, bei den ADAC Geschäftsstellen und in unserem ADAC Online-Shop (adac.de/shop).

Anreise

Auto

Salzburg liegt an der österreichischen Autobahn **A1**, die weiter nach Linz und Wien führt. Bis zur Grenze bei Freilassing führt die deutsche Autobahn **A8**. Das vielbefahrene Teilstück dieser Autobahn zwischen München und Salzburg gehört zu den stauanfälligsten Strecken Deutschlands.
Bitte beachten: Auch wenn es von der Grenze bis zur Abfahrt nach Salzburg nur 8 km sind, ist auch dieser Bereich der A1 **mautpflichtig**. Eine fehlende Pkw-Vignette zieht in Österreich eine Strafe von 120 € nach sich.

Bahn

Der **Hauptbahnhof Salzburg** liegt nahe der Altstadt. Zu Fuß ist die 1,6 km entfernte Getreidegasse in ca. 20 Min. zu erreichen, das 900 m entfernte Schloss Mirabell in rund 10 Min. Der Südtiroler Platz vor dem Hauptbahnhof ist ein Knotenpunkt der **Stadtbusse**, überwiegend sogenannte »Obusse« (Oberleitungsbusse), hier starten auch die Busse ins Umland und nach Bayern. Außerdem gibt es einen Taxistand.

Anreisedauer Salzburg

(Entfernung in km, schnellste Verbindung Auto und Bahn in Std. und Min.)

Stadt	Distanz	Pkw	Bahn
München	145 km	1,5	1,45
Stuttgart	375 km	3,45	4
Frankfurt a.M.	540 km	8	5,45
Dresden	545 km	6,25	9,5
Berlin	680 km	7,45	6,25
Köln	730 km	7,5	6,45
Hamburg	940 km	10	7,45
Wien	300 km	3	2,25

Flugzeug

Der **Flughafen Salzburg** (SZG), ca. 4 km westlich vom Zentrum, ist hinsichtlich der Flugbewegungen der zweitgrößte Österreichs. Es bestehen regelmäßige Flugverbindungen nach Berlin, Düsseldorf, Frankfurt, Hamburg und Köln. Die **Obus-Linien 2 und 10** verkehren im 10-Min.-Takt Richtung Hauptbahnhof und Zentrum. Die Kosten für eine Taxifahrt vom Flughafen in die Altstadt betragen ca. 26 €.

Einreise

Für **Deutsche** und **Schweizer** reicht bei der Einreise nach Österreich die Vorlage eines gültigen Personalausweises (Identitätskarte).

Auto und Straßenverkehr

Salzburg ist eine verkehrsreiche Stadt. In den Medien wird sie gelegentlich als »Staustadt« tituliert. Einen erheblichen Beitrag dazu leisten die Pendler. 60 000 Autos fahren täglich aus den Umgebungsbezirken in die Landeshauptstadt. Besonders zu Stoßzeiten ist damit zu rechnen, dass sich die normale Fahrzeit erheblich verlängert. Achten Sie bei freier Fahrt auf Ihre Geschwindigkeit, denn im Grenzgebiet zu Deutschland sind die **Geschwindigkeitskontrollen** intensiv. Die Strafen für zu schnelles Fahren beginnen bei 30 €. Große Teile der historischen Altstadt und die Linzer Gasse rechts der Salzach sind **Fußgängerzonen**. Sie sind durch Poller geschützt, die um 11 Uhr automatisch hochfahren. Doch auch vor diesem Zeitpunkt ist es nur berechtigten Fahrzeugen gestattet, in die Fußgängerzone einzufahren. Das Bußgeld für die Missachtung dieses Verbots beträgt mindestens 100 €.

Gäste mit einer Reservierung in einem Hotel, das innerhalb der Fußgängerzone liegt, bekommen an den Einfahrten »Rathausplatz«, »Mozartplatz«, »Kajetanerplatz« und »Linzer Gasse« per Sprechanlage einen **Einfahrtscode** für die einmalige zeitlich beschränkte Ein- und Ausfahrt. Die Altstadthotels sind jeweils nur über eine bestimmte Einfahrt erreichbar. Erkundigen Sie sich daher unbedingt vorher bei Ihrem Hotel, welche Einfahrt Sie nehmen müssen!

Barrierefreies Reisen

Viele Sehenswürdigkeiten der Stadt Salzburg verfügen über barrierefreie Zugänge. Zudem gibt es barrierefreie Hotels und Restaurants sowie Behindertenparkplätze. Auch spezielle Führungen für Besucher mit körperlichen Einschränkungen werden angeboten.

- www.salzburg.info/barrierefrei, hier gibt es die informative Broschüre »Salzburg barrierefrei« zum Herunterladen
- Anlaufstelle für Menschen mit Behinderung der Stadt Salzburg: Mirabellpl. 4, Tel. 06 62/80 72 32 32

Diplomatische Vertretungen

Honorarkonsulat der Bundesrepublik Deutschland

- Dreifaltigkeitsgasse 11, Tel. 06 62/ 880 20 11 21, www.wien.diplo.de

Schweizerisches Konsulat

- Morzger Str. 44, mobil 06 99 19 04 40 90, www.eda.admin.ch/wien

Feiertage

1. Januar (Neujahr), 6. Januar (Heilige drei Könige), Karfreitag, Ostersonntag, Ostermontag, 1. Mai (Staatsfeiertag), Christi Himmelfahrt, Pfingstsonntag, Pfingstmontag, Fronleichnam, 15. August (Mariä Himmelfahrt), 26. Oktober Nationalfeiertag), 25. Dezember (Christtag), 26. Dezember (Stefanitag), 31. Dezember (Silvester)

Geld und Urlaubskasse

Kosten im Urlaub

(durchschnittliches Preisniveau)

Tasse Kaffee (Melange)	3,80 €
Softdrink (0,3 l)	3,90 €
Glas Bier (0,3 l)	3,60 €
Glas Wein (0,125 l)	4,80 €
Hauptgericht (Restaurant)	9–16 €
Eintritt Museum	7–15 €
Ticket Oper (Landestheater)	20–80 €
Bus (Einzelfahrt bei Kauf im Bus/Vorverkauf im 5er-Block in einer Tabaktrafik)	3 €/2,10 €
ÖPNV Tageskarte Kernzone (Kauf im Fahrzeug)	6,40 €
Mietwagen/Tag (mit Vollkasko)	ab 60 €

Banken

Banken sind meist Mo–Fr 9–12.30 und 13.30–17 Uhr geöffnet. Mit **EC- und Kreditkarte** kann man bei vielen Filialen rund um die Uhr Geld abheben.

Gesundheit

Apotheken haben allgemein Mo–Fr 8–18 und Sa 8–12 Uhr geöffnet. Die nächstgelegene notdienstbereite Apotheke finden Sie auf der Website www.apotheker.or.at.

Notaufnahme AUVA-Unfallkrankenhaus

■ Doktor-Franz-Rehrl-Platz 5, Tel. 059 39 34 40 00

Notaufnahme Kinder/Jugendliche Universitätsklinik

■ Müllner Hauptstr. 48, Tel. 057 25 52 61 11

Zahnarzt Notdienstzentrum

■ Glockengasse 6, Tel. 05 05 11 50 27

Haustiere

Die Mitnahme von Hunden ist in einigen Hotels, Restaurants und Cafés erlaubt. Erkundigen Sie sich am besten vor dem Besuch. In ganz Salzburg herrscht Leinen- oder Maulkorbpflicht, ebenso muss Hundekot beseitigt werden. Dafür stehen vielerorts »Sackerlautomaten« zur Verfügung (Tüten heißen in Salzburg Sackerl). Auch im Obus und Postbus müssen Hunde (ausgenommen Assistenzhunde) einen Maulkorb tragen.
Es gibt einige ausgewiesene Bereiche, in denen Hunde frei laufen dürfen. Der größte ist im Norden der Stadt neben dem Badesee Liefering (Schmiedingerstr. 180, kostenloser Parkplatz). Eine eingezäunte und 2500 m² große Hundewiese gibt es auch in Hellbrunn (Parkplatz Fürstenweg 31, dann drei Minuten zu Fuß den Schlossparkweg entlang).

Information

Tourist Information Hauptbahnhof

■ Südtiroler Pl. 1, in der Hautpthalle am Zugang zur Lokalbahn, Tel. 06 62/88 98 70, www.salzburg.info, Nov.–März Mo–Sa 9–18, So 9–17, April–Juni tgl. 9–18, Juli, Aug. tgl. 8.30–18, Sept., Okt. tgl. 9–18 Uhr

Tourist Information Mozartplatz

■ Mozartpl. 5, Tel. 06 62/88 98 73 30, Jan.–März Mo–Sa 9-17, April, Mai tgl. 9–17, Juni–Sept. tgl. 9–18, Okt.–Dez. tgl. 9–17 Uhr

SalzburgerLand Tourismus

■ Wiener Bundesstr. 23, 5300 Hallwang, Tel. 06 62/668 80, www.salzburgerland.com, Mo–Do 8–17.30, Fr 8–17 Uhr

Klima und Reisezeit

Der »Salzburger Schnürlregen« ist eines der Klischees, das absolut zutrifft. Mit 18 Regentagen im Juni und Juli erreicht das Regenwetter seinen jährlichen Höhepunkt.
Insgesamt ist das Klima gemäßigt. Die Höchsttemperaturen bleiben auch im Sommer meist im angenehmen Bereich. Da es viele witterungsunabhängige Sehenswürdigkeiten gibt, ist Salzburg als Ganzjahresdestination attraktiv – die angenehmsten Reisemonate sind der Mai und September.

Klimatabelle Salzburg

Monat	Luft (°C) (min./max.)	Sonne (h/Tag)	Regentage (Monat)
Jan.	-6/2	3	16
Feb.	-5/4	4	14
März	-1/9	5	13
April	4/14	5	16
Mai	8/19	6	17
Juni	11/22	5	18
Juli	13/24	6	18
Aug.	13/23	6	17
Sept.	10/20	6	14
Okt.	5/14	5	13
Nov.	0/8	3	14
Dez.	-4/3	2	14

Kultur und Tickets

Mehr als 4500 kulturelle Veranstaltungen gibt es in Salzburg im Jahr. Die großen Theater- und Opernhäuser haben Theaterkassen und verkaufen Tickets auch online.
Die Karten für die **Salzburger Festspiele** (www.salzburgerfestspiele.at) sind äußerst begehrt, besonders in den günstigen Kategorien. Meist sind die Vorstellungen Monate vor der Aufführung ausverkauft. Manchmal gibt es aber noch Restkarten an der Abendkasse. Die größten allgemeinen **Kartenvorverkaufsstellen** sind:

Salzburg Ticket Service

■ Mozartpl. 5, Tel. 06 62/84 03 10, www.salzburgticket.com, Mo–Fr 9–18, Sa bis 12 Uhr

Kartenbüro Neubaur

■ Europastr. 1, Tel. 06 62/84 51 10, www.neubaur.at, Mo–Do 9–19.30, Fr bis 21, Sa bis 18 Uhr

Salzburg Ticketshop

■ Getreidegasse 5, Tel. 06 62/82 58 58 16, www.salzburg-ticketshop.at, i. d. R. Mo–Fr 10.30–17.30, Sa 10–14 Uhr

Nachtleben

Verglichen mit anderen Städten ist das Nachtleben in Salzburg vielleicht etwas weniger aufregend – man könnte sagen provinziell –, aber auch hier gibt es Kneipen, Bars und Clubs. Die meisten befinden sich außerhalb des historischen Zentrums.
Eine Auswahl empfehlenswerter Ausgehadressen finden Sie jeweils am Ende der Buchkapitel auf den Seiten 58, 85 und 106.

Notfall

Wählen Sie bei **Unfällen** die Telefonnummer der Rettung 144, bei **Feuer** die Notrufnummer 122 der Feuerwehr. Die **Polizei** erreichen Sie unter der Nummer 133.

Öffnungszeiten

In der Innenstadt haben die meisten **Geschäfte** von Mo–Fr 10–18 und Sa 10–17 Uhr geöffnet. Die **Supermärkte** und größeren **Einkaufszentren** sind an Werktagen i. d. R. von 7–19.30 Uhr geöffnet. Die Geschäfte im **Europark** haben Mo–Do von 9–19.30, Fr bis 21 und Sa bis 18 Uhr geöffnet. An Sonn- und Feiertagen sind nur Souvenirgeschäfte sowie Geschäfte in Bahnhöfen und Tankstellen geöffnet.

Parken

Die Parkplatzkapazitäten im Innenstadtbereich sind an manchen besucherstarken Tagen im Grenzbereich oder sogar ausgeschöpft. Darüber hinaus besteht aber auch die bequeme Möglichkeit zu **»Park and Ride«**. Das Kombiticket kostet 15 € und gilt fürs Parken und als Tageskarte für bis zu fünf gemeinsam fahrende Personen auf allen Obus- und Buslinien innerhalb der Stadt.

P&R Salzburg Airport

■ 400 Stellplätze, Autobahnabfahrt Flughafen, Innsbrucker Bundesstr. 95, Tel. 06 62/85 80 79 11, www.salzburg-airport.com

P&R Süd

■ 330 Stellplätze, Alpenstraße, Tel. 06 64/96 16 3 67, www.salzburg.info

Post

Eine **Postkarte** von Österreich nach Deutschland muss mit Postwertzeichen im Wert von 1,20 € frankiert werden. Ein **Brief** muss ebenfalls mit 1,20 € frankiert werden. Ein Päckchen kostet ab 9,90 €.

■ www.post.at

Rauchen

Seit 1. November 2019 gilt auch in Österreich ein generelles **Rauchverbot** in Gasträumen sowie in allen anderen, den Gästen zur Verfügung stehenden Bereichen. Erlaubt ist es lediglich auf Freiflächen In öffentlichen Verkehrsmitteln und Taxis ist das Rauchen natürlich ebenfalls untersagt.
Zigaretten und andere Rauchwaren sind nur in **Tabaktrafiken** oder an Automaten erhältlich.

Sicherheit

Salzburg gilt besonders im Zentrum als sehr sichere Stadt, in der beispielsweise Festspielgäste mit wertvollstem Schmuck nach der Vorstellung in der Nacht ohne Bedenken zu Fuß zum Restaurant oder Hotel gehen können. Minimale Einschränkung: Wie in allen größeren Städten, sollten die Gäste in dichten Menschenmengen (wie etwa auf dem Weihnachtsmarkt) auf der Hut vor Taschendieben sein.

Souvenirs

Das klassische Souvenir sind natürlich **Mozartkugeln** (S. 33), die Genuss mit Kultur verbinden und somit die Anmutung von Salzburg perfekt transportieren. Typisch für die Stadt sind auch hausgemachte **Schnäpse und Liköre**, die in hochwertiger Form in der Getreidegasse (S. 36) angeboten werden. Wer in eine nachhaltige Erinnerung investieren möchte, wird sicher in einem der vielen, traditionellen **Trachtengeschäften** fündig werden.

Sport

Eislaufen

Am 1. Oktober beginnt im Volkspark die Eislaufsaison. Eine der Bahnen liegt wettergeschützt in der Halle, die andere unter freiem Himmel. ■ Okt.–Mitte Nov., Ende Feb.–Mitte März tgl. 10–16.15, Mo, Mi, Sa auch 19.15–20.30, Mitte Nov.–Ende Feb. Mo–Do 10–19, Fr–So 10–21 Uhr, www.stadt-salzburg.at, 5€, bis 18 J. 3 €

Fahrrad

Salzburg hat sich in den letzten Jahren zur Radfahrerstadt entwickelt. Dank einer umfassenden Radverkehrsförderung steht die Stadt zusammen mit Graz an der Spitze der fahrradfreundlichsten Städte Österreichs. Über 20 Prozent der Wege werden bereits mit dem Fahrrad zurückgelegt, bei Einkäufen im Zentrum sind es sogar 30 Prozent. Eines von vielen lobenswerten Beispielen ist der kreuzungsfreie Fahrradweg entlang der Salzach, auf dem an Spitzentagen mehr als 10 000 Radler unterwegs sind. Insgesamt gibt es 184 km Fahrradwege, 28 beschilderte Radrouten und 6000 Radabstellbügel. Und die Autofahrer in Salzburg sind in der Innenstadt auffallend für den Radverkehr sensibilisiert.
Fahrradverleih siehe S. 135.

Golf

Golf und Country Club Salzburg Klessheim Schicker Club, der an den

Festivals und Events

Januar/Februar

Mozartwoche (www.mozartwoche.at) – Das weltweit führende Mozart-Festival mit Spitzenmusikern aus aller Welt gibt es seit 1956. Es findet rund um Mozarts Geburtstag (27. Jan.) statt.

März/April

Osterfestspiele Salzburg (Ostern, www.osterfestspiele-salzburg.at) – Sie dauern zehn Tage und gelten als elitärstes der drei großen Festspiele. Auch, weil ein Großteil der Karten Förderern vorbehalten und nur im Abonnement verfügbar ist.

Mai/Juni

Salzburger Pfingstfestspiele (Ende Mai/Anfang Juni, www.salzburgerfestspiele.at) – Das dreitägige Festival wurde, wie auch die Osterfestspiele, von Herbert von Karajan begründet und ist seit 1973 fester Bestandteil der Festspiele.

Juli/August

Salzburger Festspiele (Mitte Juli–Ende August, www.salzburgerfestspiele.at) – Die Sommerfestspiele locken seit 1920 Gäste aus aller Welt. Geboten werden in sechs Wochen über 200 Opern, Theateraufführungen und Konzerte.

September

Rupertikirtag (24. Sept., www.rupertikirtag.at) – Der heilige Rupertus von Worms ist Schutzpatron Salzburgs. Rund um seinen Gedenktag findet auf dem Domplatz und angrenzenden Plätzen ein fünftägiges Volksfest statt.

Oktober

Jazz & The City (Mitte/Ende Okt., www.salzburgjazz.com) – Vier Tage lang wird die gesamte Stadt zur Jazzbühne. Von der Kneipe über das Mozarteum bis hin zu Handwerksbetrieben reicht die Bandbreite der Spielstätten. Der Eintritt ist frei.

November/Dezember

Winterfest (ab Ende Nov., www.winterfest.at) – Zum größten Festival für moderne Zirkuskunst im deutschsprachigen Raum treffen sich im Volksgarten seit 2001 alljährlich internationale Artisten und Künstler.

Christkindlmarkt (www.christkindlmarkt.co.at) – Für viele ist der traditionelle Adventmarkt mit rund 100 Ständen auf dem Dom- und Residenzmarkt der romantischste der Welt.

Krampus- und Perchtenläufe (www.salzburg.info) – Ein alter Brauch im Alpenvorland: Mit furchteinflößenden Masken, Zottelfell, Hörnern, Glocken und Gebrüll werden die bösen Geister vertrieben und auch die guten erschreckt.

Garten von Schloss Klessheim grenzt und ein kleines Schwimmbad hat. Nur 15 Autominuten von der Innenstadt, 18-Loch, Greenfee ab 38 € (9-Loch). ■ Klessheim 21, 5071 Wals, Tel. 06 62/ 85 08 51, www.golfclub-klessheim.com

Golfclub Salzburg Golfacademy Rif 9-Loch-Course, idyllisch gelegen vor der Kulisse des Unterbergmassivs. Greenfee ab 15 € (9-Loch). ■ Schlossallee 50a, 5400 Hallein, Tel. 062 45/ 76 68 10, www.golfclub-salzburg.at

Joggen

Salzburg ist eine sportliche Stadt. Wer an einem schönen Tag auf der Terrasse des Cafés Bazar oder des Sacher Hotels sitzt, wird die vielen Jogger bemerken, die entlang der Salzach laufen. Die Runde vom Marko-Feingold-Steg flussaufwärts bis zum Überfuhrsteg, dann flussabwärts bis zum Müllner Steg (insgesamt ca. 6 km) ist die beliebteste Innenstadtstrecke. Eine von vielen weiteren stadtnahen Jogging-Möglichkeiten ist die 2-km-Runde im Schlosspark Hellbrunn mit integriertem Fitness-Parcours.
Weitere Laufstrecken finden Sie unter www.salzburg.info.

Klettern

Nicht nur in den umliegenden Bergen, auch in Salzburg gibt es für Kletterer spannende Locations.

Kletterparcours Müllner Schanze Boulderfelsen und zwölf Routen der Schwierigkeitsgrade 1–6+, Zugang nur zu Fuß oder mit Fahrrad. ■ www.stadt-salzburg.at

City Wall Klettersteig Klettern über den Dächern Salzburgs auf den Kapuzinerberg, vier Routen plus eine Variante, Schwierigkeitsstufen A–E, Zugang über Glockengasse neben Parkgarage Glockengasse. Die Wand ist zum Schutz brütender Vögel von 1. März bis 30. Juni sowie bei schlechtem Wetter gesperrt. ■ www.salzburg.info

Reiten

Am Stadtrand besteht auch für Gäste die Möglichkeit zum Reiten, und das in wunderbarer Landschaft.

Reitzentrum Doktorbauer
■ Eberlingergasse 5, Tel. 06 62/82 20 56, www.reitzentrum-doktorbauer.weebly.com

Stadtführungen

Nein, man braucht nicht unbedingt eine Stadtführung, um die einzigartigen Reize dieser alten Barockstadt zu entdecken. Die Schönheit liegt offen zutage. Aber es sind die spannenden Details, die durch Führungen den Spaziergang durch Salzburg nochmals intensiver machen. Zudem gibt es auch eine Reihe von **Spezialführungen**: angefangen »Von Pechnasen und Fallgittern« über »Auf den Spuren von berühmten Literaten wie Stefan Zweig, Georg Trakl und Peter Handke« bis hin zu »Klatsch und Tratsch«.
■ Salzburg Guide Service, Linzer Gasse 22, Tel. 06 62/84 04 06, www.salzburg-guide.at

Als **Stadtforscher** unterwegs sein, das können Kinder in Salzburg unter Anleitung eines Prospekts, in dem die Aufgaben beschrieben sind. Die etwa zweistündige, individuelle Entdeckungsreise, die auch für Erwachsene interessant ist, führt u. a. zur Residenz, dem Domplatz, der Festung und der Pferdeschwemme.
■ Der Folder ist in vielen Hotels erhältlich und bei den Tourist Informationen am

Mozartplatz und Hauptbahnhof; TSG Tourismus Salzburg, Tel. 06 62/ 88 98 70, www.salzburg.info

Eine besonders eindrucksvolle Art, Salzburg zu durchqueren, bietet die Altstadttour auf dem **Stand-up-Board** entlang der Salzach.

- Salzburg Adventures, Tel. 06 80/ 326 67 67, www.salzburgadventures.com, 90 Min. ab 59 €

Telefon und Internet

Von 5–24 Uhr bietet die Stadt Salzburg an öffentlichen Plätzen Zugang zu kostenfreiem WLAN. Hotspots befinden sich u. a. im Mirabellgarten, am Mozartplatz, am Kapitelplatz, am Kajetanerplatz, beim Marko-Feingold-Steg und in der Getreidegasse.

Internationale Vorwahlen

- Deutschland 00 49
- Österreich 00 43
- Schweiz 00 41

Toiletten

Es gibt in Salzburgs Innenstadt eine Reihe öffentlicher WC-Anlagen. Die Öffnungszeiten sind Nov.–März 7–19, April–Okt. 7–20 Uhr.

- Philharmonikergasse (behindertengerechte Ausstattung)
- Ferdinand-Hanusch-Platz 4 (behindertengerechte Ausstattung)
- Nonntal, Erzabt-Klotz-Straße 6 (behindertengerechte Ausstattung)
- Mönchsberg, Außenbereich Museum der Moderne (behindertengerechte Ausstattung)
- Im Neutortunnel
- Dombögen, Kapitelplatz
- Vogelhaus, Mirabellgarten (behindertengerechte Ausstattung)
- Mirabellplatz 3
- Neuer Grünmarkt, Franz-Josef-Str. 16

Trinkbrunnen

Eine Besonderheit und liebenswerte Einrichtung in Salzburg sind die vielen Trinkbrunnen mit bester und ständig geprüfter Trinkwasserqualität. Es handelt sich dabei um alte, revitalisierte Brunnen, das Wasser dafür stammt vom nahen Untersberg. Es ist so rein, dass es nicht aufbereitet werden muss. Selbst Kinder können es bedenkenlos trinken. Eine Auflistung von 17 Brunnen finden Sie auf der Website www.salzburg.info/de/salzburg/natur-erholung/trinkwasserbrunnen.

Trinkgeld

Die Gepflogenheiten bzgl. »Schmattes«, wie Trinkgeld in Salzburg auch genannt wird, unterscheiden sich nicht von denen in Deutschland und der Schweiz. Ein Betrag von 5–10 Prozent gilt als angemessen. In den traditionellen Kaffeehäusern tendieren viele Gäste zu 10 Prozent, da der Service hervorragend ist. Auch Taxifahrer erwarten ein Trinkgeld.

Umgangsformen

Achten Sie darauf, bei Besichtigungen der Kirchen keine Gottesdienste zu stören. Zwar gibt es keine offiziellen Verordnungen, aber ein der Eleganz der historischen Stadt angemessenes Outfit wird Ihnen den Respekt der Salzburger sichern. Das gilt für den Stadtbummel, aber insbesondere für Restaurant- und Kaffeehausbesuche.

Dazu eine Geschichte: 2011 nahm ein Mann in Radfahrerkleidung auf der Terrasse des Cafés Bazar Platz. Der Ober forderte ihn jedoch auf, dass er diese bitte wieder verlassen möge, denn es sei nicht üblich, in Radfahrerkleidung ein Traditionscafé zu besuchen. Dieser Platzverweis stieß in Salzburg auf großen Zuspruch.

Unterkunft und Hotels

Eine Auswahl empfehlenswerter Hotels finden Sie jeweils am Ende der Buchkapitel auf den Seiten 60, 86, 107 und 123.

Vergünstigungen

Die **Salzburg Card** bietet Gratis-Zugang zu allen Sehenswürdigkeiten, in alle Museen sowie freie Fahrt mit den öffentlichen Verkehrsmitteln (inkl. Festungsbahn, Mönchsbergaufzug, Salzach Schifffahrt Tour I). Dazu gibt es Ermäßigungen bei Konzerten und Kulturveranstaltungen, Vergünstigungen bei Ausflugszielen und an einigen Kassen Schnellzugang ohne Anstehen. Preise Mai–Okt.: für 24 Std. 30 €, Kinder (6–15 J.) 15 €, für 48 Std. 39 €, Kinder 19,50 €, für 72 Std. 45 €, Kinder 22,50 €. In der übrigen Jahreszeit etwas günstiger. Sie sollten vor dem Kauf abschätzen, was sie in Salzburg unternehmen möchten. Für aktive Besucher lohnt sich der Kauf.

Verkehrsmittel in der Stadt

Öffentliche Verkehrsmittel

Die öffentlichen Verkehrsmittel sind in Salzburg gut ausgebaut. Fahrplanauskunft unter www.salzburg-verkehr.at. Siehe auch Anreise, Bahn (S. 127).

Fahrrad

Citybike Kommunales Verleihsystem, Stadtfahrräder mit vollautomatischer Lichtanlage und Einkaufskörbchen. ■ Ferdinand-Hanusch-Platz, beim Marko-Feingold-Steg, Tel. 0810/500500, www.citybikesalzburg.at, 1 € einmalige Anmeldegebühr, 1. Std. gratis, danach 4 €/Std.

a-velo Stadträder, E-Bikes, Kinderräder, Mountainbikes, Tandems und Behindertenräder. ■ Willibald-Hauthaler-Str. 10, Tel. 0676/4355950, www.avelo.at, ab 10 €/2 Std.

Siehe auch Sport, Fahrrad (S. 131).

Taxi

Mit 50 Standplätzen ist das Taxi in Salzburg eine komfortable Alternative zum öffentlichen Nahverkehr. Der Grundpreis für eine Fahrt beträgt tagsüber 3,20 €. Dazu kommen 1,50–2,15 € pro gefahrenem Kilometer. Eine Kurzstrecke vom Mirabellplatz zum Universitätsplatz (2,5 km) kostet ca. 9 €. Für eine längere Fahrt vom Hauptbahnhof zum Schloss Hellbrunn (8 km) muss man mind. mit 20 € rechnen.

■ Taxi 8111, Tel. 0662/8111
■ Taxi 2220, Tel. 0662/2220
■ Taxi 2284, Tel. 0662/2284

Zollbestimmungen

Reisende aus EU-Ländern wie **Deutschland** dürfen Waren für den privaten Gebrauch abgabenfrei mit in die Heimat nehmen. Allerdings sind bei Genussmitteln Richtmengen zu beachten (www.zoll.de).

Bürger der **Schweiz** dürfen Waren im Wert von 300 € in den definierten Freimengen für den privaten Gebrauch aus Österreich, also der EU, ausführen (www.austria.info).

Die Geschichte Salzburgs

Jüngere Steinzeit Erste Dauersiedlungen auf den Bergen der Stadt.

Bronzezeit Auch das Salzburger Tal wird besiedelt.

Späte Hallstadtzeit Am Hellbrunner Berg wird ein Fürstensitz gegründet.

15 v. Chr. Römische Invasion und Aufbau der Siedlung Iuvavum.

696 Der Wormser Bischof Rupert erhält die Reste der Römerstadt von Herzog Theodo II. von Bayern geschenkt und gründet das Kloster Stift Nonnberg.

739 Salzburg wird zum Bischofssitz.

996 Kaiser Otto III. verleiht Salzburg das Markt-, Zoll- und Münzrecht.

1077 Die Festung Hohensalzburg wird gegründet.

1348/1349 Die Pest wütet in Salzburg, ein Drittel der Bevölkerung stirbt.

1587 Unter Erzbischof Wolf Dietrich von Raitenau beginnt der Ausbau Salzburgs zur barocken Residenzstadt.

1622 Die Benediktineruniversität wird eröffnet. Ihr Gründer ist Erzbischof Paris Graf von Lodron.

1756 Wolfgang Amadeus Mozart wird in der Getreidegasse 9 geboren.

1800 Napoleons Truppen besetzen erstmals die Stadt.

1803 Das säkularisierte Kurfürstentum Salzburg wird dem neuen Kaiserreich Österreich einverleibt.

Napoleon III. und seine Frau treffen im Jahr 1867 mit dem Zug in Salzburg ein

1818 Ein verheerender Großbrand zerstört den Wohnsitz von 298 Familien.

1860 Die Bahnlinie Wien–Salzburg–München wird fertiggestellt.

1861 Salzburg bekommt erstmals eine Volksvertretung und Landesregierung.

1886 Das erste Teilstück der Salzburger Straßenbahn geht in Betrieb.

1920 Salzburg erlebt den ersten Festspielsommer.

1938 Anschluss Österreichs an das nationalsozialistische Reich und Einmarsch deutscher Truppen.

1944/1945 Salzburg erlebt 15 Bombenangriffe. Auch die Kuppel des Salzburger Doms wird schwer beschädigt, 146 Gebäude werden vollständig zerstört.

1950 Salzburg hat erstmals 100 000 Einwohner.

1955 Unterzeichnung des österreichischen Staatsvertrags und Ausrufung der Zweiten Republik.

1962 Die Salzburger Universität wird in staatlicher Trägerschaft wieder errichtet.

1967 Der österreichische Dirigent Herbert von Karajan gründet die Salzburger Osterfestspiele.

1996 Das historische Zentrum der Stadt Salzburg wird UNESCO-Weltkulturerbe.

2006 Der Neubau des Mozarteums sorgt für Furore.

2013 Am 28. Juli wird mit 38,6 °C die höchste Temperatur aller Zeiten gemessen.

2019 Die Fahrradgarage am Salzburger Hauptbahnhof wird renoviert und das Radwegenetz ausgebaut.

2022 In einer Bürgerbefragung stimmt eine große Mehrheit gegen den geplanten Ausbau der Mönchsberggarage.

ENTDECKE
DIE VIELFALT
HAUS
DER
NATUR
SALZBURG
MUSEUM FÜR
NATUR & TECHNIK
www.hausdernatur.at

Alle Blickpunkt-Themen in diesem Band:

Register

Bildnachweis

Titel: Blick vom Mirabellgarten auf die Festung Hohensalzburg
Foto: **AWL Images** (Jane Sweeney)
Rücktitel: links: **stock.adobe.com** (Gary); rechts: **stock.adobe.com** (igorp1976)

Ebners Waldhof: 124 – **Eisriesenwelt:** 109.1, 121; pedagrafie.de 13.3 – **fahr(T)raum:** Taro Ebihara 112 – **Fantasiana Erlebnispark:** 109.4 – **Fotolia:** JFL Photography 17.1 – **Gassner Gastronomie Betriebe:** 107 – **Getty Images:** Franz Pritz/Picture Press 14/15; Imagno 74; Gregor Sams 100; De Agostini Picture Library 136 – **Gut Aiderbichl:** 120 – **Gwandhaus GmbH:** 93 – **Hotel Sacher:** 87 – **Hotel Villa Auersperg:** Andreas Brandl 63.3, 86 – **Huber Images:** Franco Cogoli 2, 123; Reinhard Schmid 6/7, 40/41; Günter Gräfenhain 78/79 – **IGM Salzburgring:** 117 – **imago:** Manfred Segerer 11.1; Westend61 42, 76, 101; Rudolf Gigler 75; imagebroker 115, 116 – **Imlauer Sky Bar und Restaurant:** 84 – **Kletterpark Salzburg:** 12.3, 99 – **Andreas Kolarik:** 50 – **Konditorei Fürst:** 33 – **laif:** Samuel Zuder 35, 48, 113 – **Manro:** 118 – **mauritius images:** imageBROKER/Martin Siepmann 7.1, 27; Westend61/Martin Moxter 34, 94/95, 110; volkerpreusser/Alamy 54; Uta und Horst Kolley 55; Rene Mattes 68; Ian Dagnall/Alamy 70; Peter Schickert/Alamy 71; Volker Preusser 72, 104; Lucas Vallecillos/Alamy 90; Wolfgang Weinhäupl 98; imageBROKER/Helmut Meyer zur Capellen 114 – **Mozartkino:** 59 – **Museum der Moderne Salzburg:** Marc Haader 45, 53 – **Naturfreunde Salzburg:** Helmut Winter 103 – **Schloss Mönchstein:** 61 – **Seasons Agency:** Arthur Selbach 11.2, 102; Jalag/Herbert Lehmann 83 – **Shutterstock.com:** trabantos 4; feghoul messaoudi 5; dvoevnore 8; Anibal Trejo 9; Evgenii Iaroshevskii 10.1; Olena Z 10.2; Solarisys 11.3; schusterbauer.com 12.1; Todamo 12.2, 38; Simone Andress 13.2; charis_freya 17.2; posztos 18/19; saiko3p 20, 31, 32; Anastasia Petrova 23, 111; TellyVision 28; Zoltan Tarlacz 36; Sergiy Palamarchuk 44; canadastock 46; gary718 63.2; Eyesonmilan 64; trancedrumer 89.3; 18042011 96; alpinenature 119; mRGB 144.2 – **stock.adobe.com:** dudlajzov 2/3; rh2010 3.1; Wolfgang 3.2 – **Studio Riebenbauer:** 29 – **Tourismus Salzburg:** 13.1, 47, 49, 57, 63.1, 66, 80, 89.1; Günter Breitegger 7.2, 24, 58, 132, 144.1 – **Tourismus Salzburg Salzburg Foundation:** Manfred Siebinger 77 – **Untersbergbahn:** 105

Postfach 86 03 66, 81630 München

Markenlizenz der ADAC Medien und
Reise GmbH, München

ISBN 978-3-98645-045-8

1. Auflage 2023

Autor: Martin Fraas
Redaktion: Juliane Helf, Susanne Kronester-Ritter
Lektorat und Satz: Thomas Rach,
www.bintang-berlin.de
Bildredaktion: Dr. Nafsika Mylona
Reihengestaltung: Eva Stadler, München;
Independent Medien Design, Horst Moser,
München
Kartografie: Kunth Verlag GmbH & Co. KG,
München, Huber Kartographie GmbH,
www.kartographie.de
Herstellung: Felix Robitsch, Mendy Willerich
Druck + Bindung: Drukarnia Dimograf Sp z o. o.
(Polen)

GRÄFE UND UNZER

Ein Unternehmen der
GANSKE VERLAGSGRUPPE

Wichtiger Hinweis
Die Daten und Fakten für dieses Werk wurden mit äußerster Sorgfalt recherchiert und geprüft. Wir weisen jedoch darauf hin, dass diese Angaben häufig Veränderungen unterworfen sind und inhaltliche Fehler oder Auslassungen nicht völlig auszuschließen sind, zumal zum Zeitpunkt der Drucklegung die Auswirkungen von Covid-19 auf das Hotel- und Gastgewerbe vor Ort noch nicht vollständig abzusehen waren. Für eventuelle Fehler oder Auslassungen können Gräfe und Unzer, die ADAC Medien und Reise GmbH sowie deren Mitarbeiter und die Autoren keinerlei Verpflichtung und Haftung übernehmen.
Alle Inhalte im Buch wenden sich an und gelten für alle Geschlechter (w/m/d). Soweit grammatikalisch männliche, weibliche oder neutrale Personenbezeichnungen verwendet werden, dient dies allein der besseren Lesbarkeit.

Ansprechpartner für den Anzeigenverkauf:
KV Kommunalverlag GmbH & Co. KG,
MediaCenter München, Tel. 089/928 09 60

Bei Interesse an maßgeschneiderten B2B-Produkten:
b2b-kontakt@graefe-und-unzer.de

Leserservice
GRÄFE UND UNZER Verlag
Grillparzerstraße 12
81675 München
www.graefe-und-unzer.de

Umwelthinweis
Nachhaltigkeit ist uns sehr wichtig. Der Rohstoff Papier ist in der Buchproduktion hierfür von entscheidender Bedeutung. Daher ist dieses Buch auf PEFC-zertifiziertem Papier gedruckt. PEFC garantiert, dass ökologische, soziale und ökonomische Aspekte in der Verarbeitungskette unabhängig überwacht werden und lückenlos nachvollziehbar sind.

Unterwegs in Salzburg

Öffentliche Verkehrsmittel

Auf der Website des Salzburger Verkehrsverbunds kann man den Anfangs- und Endpunkt einer gewünschten Fahrt eingeben und erhält eine Liste der möglichen Verbindungen inkl. Preisinfo.

■ www.salzburg-verkehr.at

Stadtbesichtigung im Sitzen

Eine bequeme und umweltfreundliche Art, um Salzburg zu erkunden, ist eine Rikschafahrt. Auf der »Tour Deluxe« lernen Besucher die Hauptsehenswürdigkeiten der Altstadt kennen.

■ www.rikschatours.at, 60 Min. ab 55 € (2 Erw., 1 Kind)

Höhepunkt der Salzburg-Tour

Nur 47,4 Sekunden braucht die Standseilbahn für den 198,5 m langen Weg zur Festung Hohensalzburg. Dabei ist sie mit einer Maximalgeschwindigkeit von 5,5 m/s unterwegs. Die Fahrt in der verglasten Kabine ist ein Erlebnis.

■ Details auf S. 26

Ein Bus geht baden

Ein Hauch James Bond ist zu spüren, wenn der Amphibienbus die Salzach verlässt und die Besucher an Land zu Salzburgs Sehenswürdigkeiten bringt. Eine einzigartige Stadttour.

■ Details auf S. 39

Parken

Rund 9000 Parkplätze gibt es in Salzburg. In der Mönchsberggarage (S. 51) parkt man in einem ehemaligen Stollen. Am Flughafen, am Messezentrum und in Salzburg Süd gibt es außerdem Park-and-Ride-Parkplätze. Das Kombiticket (15 €) gilt fürs Parken und als Tageskarte für bis zu fünf Personen.

■ www.salzburg-ag.at

Reisen in Corona-Zeiten

Liebe Leserin, lieber Leser, durch die langen pandemiebedingten Einschränkungen im Hotel- und Gastronomiegewerbe können wir nicht ausschließen, dass einige der im Buch empfohlenen Adressen zum Zeitpunkt Ihrer Reise nicht mehr aktuell sind. Wenn Sie trotz unserer Bemühungen um Aktualität eine solche Adresse finden, teilen Sie uns diese bitte mit. Wir belohnen jede in die nächste Auflage aufgenommene Korrektur mit **einem kostenlosen Reiseführer Ihrer Wahl**. Zuschriften bitte an: adac@graefe-und-unzer.de